Manuel de catalo bibliothèques

John Henry Quinn

Writat

Cette édition parue en 2023

ISBN : 9789359253886

Publié par
Writat
email : info@writat.com

Contenu

PRÉFACE

Ce petit livre ne prétend pas être un traité exhaustif sur l'art de cataloguer des livres, et il n'est pas non plus destiné à l'usage de l'expert en bibliographie. Les règles incorporées sont celles généralement reconnues comme nécessaires au bon catalogage d'une collection de livres. Par des illustrations simples, l'auteur s'est efforcé de résoudre les difficultés qui, selon lui, se posent le plus fréquemment et nécessitent un examen attentif. Des informations concernant l'impression des catalogues ont été ajoutées afin de rendre l'ouvrage plus complet.

Si ce manuel s'avère utile à une meilleure compréhension des véritables principes du catalogage et s'il s'avère être d'une aide pratique à ceux qui travaillent en bibliothèque, l'objectif de sa compilation aura été atteint.

JHQ

Mars 1899.

CHAPITRE I.
INTRODUCTION.

1. — La plupart des gens sont satisfaits de croire qu'il n'y a pas de département du travail d'un bibliothécaire aussi facile à gérer que celui de la compilation des catalogues. Le catalogue d'une bibliothèque est souvent considéré comme une simple liste de livres, dont la production n'exige pas plus d'effort mental que celui d'un commissaire-priseur de meubles ou d'une liste commerciale similaire. Le professeur John Fiske, dans son essai sur « Le travail d'un bibliothécaire » [1], déclare : « En général, je trouve qu'un catalogue de bibliothèque est supposé être une chose qui est en quelque sorte « faite » d'un seul coup, comme le palais d'Aladdin a été construit, à intervalles réguliers. de dix ou douze ans, ou chaque fois qu'un « nouveau catalogue » est jugé nécessaire », au lieu, comme il continue de le montrer, d'être un ouvrage sans fin appelant à l'exercice de tout le pouvoir et de toutes les connaissances à la disposition de le catalogueur.

2. — Il existe une variété de catalogues de bibliothèques, depuis les simples inventaires faits par des particuliers pour leur propre collection de livres, jusqu'au gigantesque « Catalogue des livres imprimés du British Museum », si grand par sa taille et si étendu dans le domaine qu'il précise que ses entrées doivent être presque exclusivement limitées à un seul élément pour chaque livre.

Les catalogues qui seront compilés selon les lignes tracées dans cet ouvrage se situent entre ces deux extrêmes et sont destinés à servir de clé au trésor de la connaissance et à divulguer son contenu d'une manière facile mais ordonnée à tous les chercheurs. Carlyle dit : « Une grande collection de livres, sans un bon catalogue, est un Polyphème sans œil dans la tête ».

3. — Une bonne bibliothèque est pratiquement inutile sans un catalogue adéquat et correctement compilé, mais même une collection de livres indifférente peut être amenée à rendre de bons services au moyen d'un bon catalogue. Afin de dresser un tel catalogue , il est nécessaire que certains détails soient donnés descriptifs des livres, mais de telle manière que, même si les entrées fournissent toutes les informations nécessaires à la personne qui connaît bien les livres, elles doivent en même temps être de caractère si simple qu'il peut être compris avec très peu d'effort par toute personne d'intelligence moyenne. En même temps, les détails donnés doivent être si complets qu'un chercheur dans le catalogue puisse se faire une idée claire de la nature et de la portée du livre décrit sans l'examiner réellement, bien que les descriptions à cet égard ne soient pas censées être de l'ordre très complet recherché dans des bibliographies spéciales destinées uniquement à l'usage des experts.

La valeur d'un bon catalogue ne dépend pas plus de son étendue ou de sa taille qu'un bon livre, mais plutôt de la précision de la méthode par laquelle les informations fournies sont digérées et concentrées. Il existe des catalogues de bibliothèques si minutieusement rédigés qu'ils sont d'apparence très imposante et, par conséquent, très souvent, ils sont considérés comme des productions des plus érudites par ceux qui ne comprennent pas l'art de cataloguer, alors que ceux qui doivent les utiliser aussi ils découvrent souvent qu'ils sont si mal arrangés qu'ils ne valent guère mieux qu'un mélange de titres de livres – pédants sans être instruits. « Des richesses infinies dans une petite pièce » pourraient, en revanche, être souvent adoptées comme devise pour de nombreux catalogues d'apparence insignifiante.

4. — Il est courant de trouver une petite bibliothèque avec un catalogue assez important. Cela ne vient pas toujours du désir de tirer le meilleur parti de la bibliothèque, mais souvent du fait que la compilation a été entreprise par quelque membre trop zélé d'un comité qui croyait avoir un *penchant* pour ce genre de travail, ou qu'elle a été rédigé par un amateur sans expérience, dont les amis lui ont assuré une nomination comme bibliothécaire. Ces gens ne savent pas qu'il est aussi facile, sinon plus facile, de sur-cataloguer une bibliothèque que de le faire judicieusement, et qu'il en résulte souvent un travail effrayant et merveilleux. Il n'y aurait pas beaucoup de difficulté à donner des exemples illustratifs de ceci, mais on peut citer ce catalogue où la « Short History of the English People » de Green a obtenu cinq entrées, à savoir sous Green, Short, History, English History et People (English).), au lieu des deux entrées qui auraient suffi. La plupart des premiers catalogues des petites bibliothèques gratuites sont de cet ordre. Ceci, cependant, n'est pas toujours le résultat des causes mentionnées ci-dessus, mais est le plus souvent provoqué par des comités de nouvelles bibliothèques qui reportent la nomination d'un bibliothécaire, pour économiser son salaire, jusqu'à quelques semaines avant l'annonce de la bibliothèque. être ouvert, puis s'attendre à ce qu'il achète les livres et produise entre-temps un catalogue imprimé. La conception du problème est, bien trop souvent, que les livres peuvent être sélectionnés, classés et répertoriés en gros, de la même manière que les produits d'épicerie sont achetés, exposés et facturés, et dans un délai aussi court. Le résultat, bien entendu, est que le bibliothécaire, pressé, doit sélectionner et acheter les livres le plus rapidement possible, et confier le travail de catalogage à un assistant, qui n'a probablement aucune formation, et le meilleur doit être fait d'un mauvais travail. Dans très peu de cas, on peut considérer que le premier catalogue d'une nouvelle bibliothèque représente fidèlement la capacité du bibliothécaire en tant que catalogueur.

5. — Avec l'élévation rapide du niveau de l'éducation, on exige actuellement dans les bibliothèques un travail plus précis et de meilleure qualité que ce n'était le cas pendant le premier quart de siècle après l'entrée en vigueur de la loi sur les bibliothèques publiques. Les règles empiriques bâclées du catalogage, autrefois en vogue, ne passent pas inaperçues aujourd'hui comme à l'époque, et par conséquent les listes chauves de livres, compilées sur aucun principe particulier, envoyées sont moins utilisées que jamais auparavant. pour dérouter et gêner plutôt que d'aider un public curieux. L'étudiant, et ce personnage intéressant qu'est le « lecteur général », parviennent chaque année à mieux comprendre les usages et les particularités des livres et recherchent ainsi des informations plus précises les concernant. Il n'y a pas de meilleure preuve de la façon dont la demande d'informations sur les livres s'est développée que la place importante que leur critique occupe désormais dans les colonnes de la presse écrite, de sorte que même les revues mineures ne peuvent se permettre de l'ignorer. . L'idée selon laquelle un catalogueur n'a pas le droit d'aller au-delà des informations contenues sur la page de titre d'un livre n'est plus aujourd'hui acceptée comme par le passé.

Ceux qui possèdent ne serait-ce qu'un peu d'expérience en la matière savent qu'il est impossible de dresser un catalogue au hasard et qu'il faut établir des règles claires et précises avant de tenter une quelconque partie du travail, sinon il y aurait confusion. et il en résultera un manque de proportion. Heureusement , ces dernières années, les règles régissant la bonne compilation des catalogues ont été codifiées, en particulier celles relatives à la forme actuellement la plus utilisée, connue sous le nom de « catalogue dictionnaire ».

CHAPITRE II.
LE CATALOGUE DICTIONNAIRE.

6. — Le catalogue de dictionnaires n'est pas l'idée ou l'invention d'un individu, mais il s'est développé progressivement à partir des exigences des bibliothécaires dans leurs relations avec les lecteurs. Les catalogues antérieurs se limitaient aux entrées données sous les noms des auteurs, comme dans le catalogue du British Museum, ou étaient sous forme classée, soit dans les grandes classes dans lesquelles une bibliothèque était divisée, soit avec très peu d'autres subdivisions. Viennent ensuite ce que l'on peut appeler des « catalogues d'index de dictionnaires » contenant les premiers principes du catalogue de dictionnaires tel qu'on l'entend aujourd'hui. Ils consistaient en de très brèves entrées sous les auteurs, et en le simple retournement d'un titre pour mettre un certain mot au premier plan pour transmettre son sujet, de cette manière : -

L'Angleterre sous Victoria. Michelsen.

Englefield (Sir HC) Traversez Southampton.

Antiquités anglaises. Eccleston. 1847.

Ennui. Edgeworth.

Entomologie, Exotique. Drury. 1837.

Épisodes de la vie des insectes. 1851.

Course vers le Sud. Malet .

Par cette méthode, le véritable sujet du livre passait souvent à côté, surtout si l'auteur avait utilisé un titre fantaisiste, et un sujet se retrouvait sous de nombreuses entrées différentes, selon le mot utilisé sur la page de titre, et sans des références croisées pour les lier ensemble. Il faut admettre qu'aujourd'hui, de nombreux catalogues de dictionnaires des bibliothèques publiques ne sont rien d'autre que ce « catalogue d'index » sous un nom plus récent. Les entrées sont peut-être un peu plus complètes, mais les principes de compilation restent les mêmes.

7. — Avant 1876, il n'existait pas de code complet de règles pour la préparation d'un catalogue de sujets et d'auteurs, bien que le professeur CC Jewett « Sur la construction de catalogues de bibliothèques » (Washington, 1853), avec ses modifications ultérieures, était un pas dans cette direction. Il existait des règles pour les catalogues d'auteurs, pour la plupart basées sur les règles du British Museum, ainsi que des systèmes de classification pour les catalogues classifiés. Cette année-là fut publiée la désormais célèbre « Règles pour un catalogue de dictionnaires » par Charles A. Cutter, bibliothécaire du

Boston Athenæum . Il constitue la deuxième partie du « Rapport spécial sur les bibliothèques publiques aux États-Unis d'Amérique », publié sous les auspices du Bureau de l' éducation des États-Unis. Une deuxième édition de ces règles a été publiée séparément en 1889. La troisième édition, avec d'autres corrections et ajouts, est parue en 1891 et a été très généreusement distribuée par le gouvernement des États-Unis aux bibliothèques du monde. Depuis 1876, d'autres règles ont été formulées, principalement sur la base de celle de Cutter. On en trouvera un consensus dans les « Eclectic Card Catalog Rules, Author and Title Entries », par KA Linderfelt , bibliothécaire de la bibliothèque publique de Milwaukee, Boston (Charles A. Cutter) 1890. Cette compilation très utile, « basée sur l'ouvrage de Dziatzko « L'instruction », comparée aux règles du British Museum, de Cutter, de Dewey, de Perkins et d'autres autorités, n'est pas aussi bien connue des bibliothécaires anglais qu'elle devrait l'être. Le présent manuel est destiné à servir d'introduction à ces deux codes et les instructions qu'il contient sont basées sur eux. Lorsque celles-ci n'ont pas été respectées, les changements apportés ont acquis une autorité dans la pratique des bibliothèques. L'intéressant petit livre de M. Henry B. Wheatley, « How to Catalog a Library » (Stock, 1889), doit également être mentionné et doit être lu comme une introduction au sujet.

8. — Le grand mérite du catalogue de dictionnaires est qu'il permet de fournir la plupart des renseignements habituellement demandés par les utilisateurs des bibliothèques, et ce, par référence immédiate, sans aucune étude préalable de sa disposition. Il tire son nom du fait que toutes les entrées, quelle que soit leur nature, sont regroupées dans une seule séquence alphabétique et consultées comme on consulterait un dictionnaire. Elle est considérée comme la forme la plus acceptable par la majorité de ceux qui utilisent les bibliothèques populaires, et l'expérience l'a prouvé.

Le catalogue de dictionnaires a pour objectif de répondre à toutes les questions suivantes :

Quels livres la bibliothèque contient-elle par un auteur donné, comme Hall Caine ? La réponse à cette question s'appelle l' *entrée d'auteur* .

Quels livres avez-vous sur un sujet précis, comme la dynamo ; ou sur un sujet particulier, comme la question orientale ? Les entrées répondant à ces demandes sont les *entrées-sujets* .

Avez-vous un livre intitulé « Une fille d'Ève ? » L'entrée fournissant ces informations serait l' *entrée de titre* .

Avez-vous un volume d'une série telle que «Hommes de lettres anglais»? À cela, il répondra également, et la réponse peut être appelée *entrée en série* .

Il existe cependant des questions auxquelles le catalogue de dictionnaires ne répond généralement pas. Il ne dira pas quels livres se trouvent dans la bibliothèque dans une langue particulière, par exemple le français, et il ne fournira pas une liste complète et définitive de livres sous une *forme particulière*, comme la fiction ou la poésie ; ou dans une *classe* de littérature distincte du *sujet* . Par exemple, elle ne regroupera pas tous les ouvrages théologiques, ni les livres scientifiques, mais les répartira dans tout l'alphabet, selon les divisions de ces matières, et ces divisions seront à leur tour réparties selon des divisions moindres et des monographies. .

Un catalogue compilé selon les lignes requises pour regrouper complètement ces classes, de sorte qu'un traité général et une monographie par division minutieuse suivront dans l'ordre naturel, serait un catalogue classifié, et cette forme est traitée séparément au chapitre XII.

Effectuer une combinaison des deux formes de telle manière qu'elles répondent à n'importe quelle question, raisonnable ou autre, nécessiterait un si grand nombre d'entrées pour chaque livre que sa compilation serait à peine réalisable, et si elle était réalisée, elle ne serait pas satisfaisante. car la simplicité de l'ordre alphabétique serait détruite, et le résultat ne vaudrait pas le travail dépensé, sans parler de son ampleur et de son coût.

9. — Il faut donc choisir dès le départ entre les deux formes, dictionnaire ou classification. Le point à considérer en premier lieu est de savoir quelle forme est la plus susceptible de répondre le mieux aux besoins de la classe particulière qui utilise la bibliothèque ; car un catalogue qui serait le plus utile à une bibliothèque universitaire ou à celle d'une société scientifique ne conviendrait pas à une bibliothèque gratuite au milieu d'une population ouvrière. Ensuite, la question du coût entre en jeu, et ici la forme classifiée a l'avantage, car en dehors des brèves entrées de l'index, une entrée par livre suffit généralement, alors que dans la forme dictionnaire, la moyenne est de trois entrées. Il y a un problème encore plus important qui affecte matériellement les bibliothèques plus anciennes, c'est l'impossibilité de maintenir la forme du dictionnaire dans des limites raisonnables, même avec des entrées raccourcies et des pages en petits caractères imprimées de manière serrée. Les emprunteurs d'une bibliothèque publique de prêt préfèrent emporter leur catalogue avec eux lorsqu'ils échangent des livres, mais ils ne peuvent pas le faire s'il est en deux ou trois volumes, ou s'il est si volumineux qu'il ne peut pas être transporté. C'est pour cette raison que les bibliothécaires, croyant sans limite aux avantages supérieurs du catalogue de dictionnaires, ont été contraints, contre leur gré, d'adopter la forme classifiée. Ils n'avaient pas d'autre alternative que celle, très peu satisfaisante, qui consistait à trier en profondeur leur stock de livres, et seuls ceux qui ont assumé cette responsabilité savent à quel point il est difficile de décider si un livre mérite ou non d'être conservé. On trouvera un exposé très judicieux des mérites des deux styles de catalogues dans un article de MFT Barrett, de la Mitchell Library de Glasgow, intitulé « The Alphabetical and Classified

Forms of Catalogs Compare », dans les « Transactions of the Second International Library Conference », 1897. Les opinions de MJD Brown, telles qu'exposées dans le chapitre v. de son « Manual of Library Classification » (Library Supply Co., 1898), doivent également être soigneusement prises en compte.

PRÉLIMINAIRES.

10. — En supposant que l'étudiant entreprenne pour la première fois le travail de catalogage d'une bibliothèque, il devra se munir d'une réserve de cartes ou de bouts de papier coupés de format uniforme. Presque toutes les tailles feront l'affaire, mais la plus pratique et la plus couramment utilisée mesure 5 pouces sur 3 pouces. Si le catalogue doit être rédigé à l'usage des lecteurs, des cartes sont nécessaires car elles sont plus faciles à retourner que les feuillets papier qui servent assez bien de « copie » pour un catalogue imprimé. Si les cartes ou les feuillets doivent être écrits avec un stylo, ils doivent être lignés « feintes » et avoir des lignes marginales pour marquer le « retrait ». Ces décisions ne s'appliquent qu'à un côté, car en aucun cas une entrée ne doit être poursuivie de l'autre côté. Si une entrée est si longue qu'elle ne peut pas être inscrite sur une seule carte, elle doit alors être continuée sur une seconde, en répétant l'auteur ou un autre titre. Pour l'usage personnel du catalogueur ou comme copie d'imprimeur, la carte ou le feuillet peut être allongé selon les besoins en y collant une bande de papier de même largeur et en la pliant dans les limites de la taille de la carte, mais en exposant l'entête. . Cela ne peut pas être fait lorsque les cartes sont maintenues en place par une tige qui les traverse. Il est à peine besoin de souligner que pour un catalogue sur fiches destiné à l'usage de nombreuses personnes, la qualité des fiches est d'une grande importance, car celles d'un matériau bon marché et de qualité inférieure ne supporteront pas beaucoup de retournement sans se déchirer. Les catalogues sur fiches ne sont pas toujours appréciés du public, car certaines personnes semblent éprouver des difficultés à feuilleter les fiches. Pour cette raison, certains bibliothécaires préfèrent la forme en gerbe, car elle conserve la forme du livre, que tout le monde comprend, et elle présente les mêmes avantages que le catalogue sur fiches en permettant l'insertion d'ajouts dans le bon ordre à tout moment, et permet une expansion illimitée, en plus de prendre moins de place.

Sur chaque carte ou feuillet, une entrée distincte de chaque livre est faite, et par « livre », on entend une œuvre qui peut être en un seul volume ou en plusieurs volumes. Deux ouvrages, même du même auteur, apparaissant sous son nom, doivent être inscrits sur des fiches séparées, car, s'ils sont écrits ensemble, il s'avère généralement qu'un autre livre devra ensuite être inséré *entre* eux.

11. — Les imprimeurs sont reconnus, en tant que classe, comme étant les hommes les plus précis et les plus patients, mais aux débutants qui n'ont pas une grande expérience de leur métier, il est bon de dire « veillez à écrire avec audace et clarté », en vous rappelant toujours que c'est un travail beaucoup plus difficile pour un compositeur d'établir un catalogue que probablement n'importe quelle autre forme de livre, parce que le sujet ne « continue pas » et que divers types et langues y entrent généralement. Outre les erreurs faciles à commettre lorsque la « copie », comme on appelle le manuscrit, n'est pas claire et distincte, il existe le risque d'avoir à payer un supplément pour les « corrections d'auteur », un élément bien connu sur les factures de tous les imprimeurs. Écrire clairement est encore plus important si le catalogue doit rester manuscrit pour être utilisé par les lecteurs. Une petite brochure pratique sur ce sujet est « Library Handwriting », publiée par la New York State Library School, en avril 1898, et le style d'écriture qui y est présenté devrait être étudié et imité. Le spécimen de la page suivante en est tiré.

12. — C'est dans la préparation de « copies » et dans la rédaction de catalogues sur fiches destinés à l'usage public que l'on ressent la grande valeur de la machine à écrire, car la clarté et l'uniformité sont assurées par son utilisation ainsi que par l'économie d'espace. Même s'il n'entre pas dans le cadre de ce manuel de recommander une marque particulière de machine à écrire, l'expérience montre que ce serait une erreur de négliger la « Hammond » lorsque l'on considère les mérites des différentes machines. En catalogage, cela s'avère utile car une variété de types de caractères distinctifs, y compris les lettres accentuées les plus couramment requises, peuvent être utilisés sur une seule machine.

EXEMPLE D'ALPHABETS ET DE CHIFFRES

Joined hand

a b c d e f g h i j k l m
n o p q r s t u v w x y z

a b c d e f g h i j k l m n o p
q r s t u v w x y z

1 2 3 4 5 6 7 8 9 0 &

Take great pains to have all
writing uniform in size, slant,
spacing & forms of letters.

Disjoined hand

A B C D E F G H I J K L M N
O P Q R S T U V W X Y Z

a b c d e f g h i j k l m n o p
q r s t u v w x y z

1 2 3 4 5 6 7 8 9 0 &

Take great pains to have all
writing uniform in size, slant,
spacing & forms of letters.

Main jointe

Main disjointe

CHAPITRE III.
L' ENTRÉE PRINCIPALE.— L'ENTRÉE DE L'AUTEUR, I.

13. — Quelles que soient les divergences d'opinion qui peuvent exister sur divers points qui surgissent lors du catalogage des livres, toutes les autorités sont d'accord pour dire que l'entrée principale ou principale donnant le plus de détails concernant un livre doit être celle sous le nom de son auteur. C'est donc la première entrée à faire, et le catalogueur ayant choisi le livre à traiter ignore tout titre sur la reliure et, passant par le préliminaire, ou « faux-titre », se tourne vers la page de titre proprement dite, qui contenant le plus d'informations et avec l'empreinte (lieu de publication, éditeur et date) en bas, et en copie les détails suivants, en ajoutant ceux qui n'ont pas été donnés sur la page de titre par un examen du livre, et dans cet ordre, à savoir.—

1. Le nom de famille de l'auteur.

prenom) de l'auteur .

3. Titres de l'auteur (lorsque cela est requis à des fins distinctives ou distinctives).

4. Le titre du livre.

5. Le nom de l'éditeur (s'il ne s'agit pas de l'auteur ou du compilateur) ou du traducteur (s'il doit être indiqué).

6. L'édition.

7. Le nom de la série (le cas échéant) ou, si elle fait partie d'un livre, le nom du livre dans lequel elle est contenue.

8. La collation (si elle doit être donnée), ou

9. Le nombre de volumes, lorsqu'il y en a plus d'un.

10. La taille (si elle doit être indiquée).

11. Le lieu de publication.

12. Le lieu d'impression ou le nom de l'imprimeur (lorsque le livre n'est intéressant que d'un point de vue typographique).

13. La date de publication.

14. L'étagère, la presse ou tout autre emplacement ou marque de découverte.

15. Note descriptive ou explicative (si cela est jugé souhaitable).

16. Contenu (si indiqué).

L'ordre est celui le plus habituellement adopté, mais les numéros 8 à 13 peuvent être modifiés à volonté, si une telle modification est faite au début des travaux et respectée dans tous les cas par la suite.

14. — Comme l'indique le nom de famille de l'auteur, le prénom doit suivre, soit entre parenthèses, comme

Dickens (Charles),

ou précédé d'une virgule, comme

Emerson, Ralph Waldo.

Les parenthèses sont plus couramment utilisées, mais elles n'ont pas une aussi belle apparence que la virgule, et leur utilisation nécessite ce qu'un imprimeur appelle « un tirage sur les sortes », c'est-à-dire l'utilisation d'un caractère particulier au point de nécessitent un approvisionnement spécial au-delà de celui habituellement fourni avec une police de caractères. Après tout, cela se résume plus à une question de goût qu'à une question d'opportunité, et le catalogueur choisira ce qu'il jugera le mieux. On peut remarquer en passant que le « culte du trivial » ne doit pas être totalement méprisé dans le catalogage, car une attention particulière portée à des détails apparemment mineurs garantit un travail de qualité et exact.

15. — Les points à observer lors de la copie de la page de titre et de la préparation de l'entrée d'auteur peuvent être montrés plus clairement par l'illustration que par la description. Supposons que la page de titre du livre en main indique en toutes lettres :

L'histoire personnelle de David Copperfield. Par Charles Dickens. Avec huit illustrations. Londres : Chapman & Hall, Piccadilly.

Nous procédons à l'écriture de l'entrée principale à lire : -

Dickens, Charles. L'histoire personnelle de David Copperfield.

Le « titre volant » nous apprend qu'il s'agit de « l'édition de Charles Dickens ». Nous examinons le livre et trouvons qu'il contient six pages préliminaires, celles-ci étant paginées en chiffres romains, et 533 autres paginées en arabe, avec un portrait et sept autres illustrations. Cette indication du nombre de pages et d'illustrations est connue sous le nom de « collationnement », car examiner un livre dans le but de s'assurer qu'il est parfait revient à le rassembler. Comme le lieu de publication est Londres, il est d'usage dans les catalogues anglais de l'omettre de l'entrée, une telle omission signifiant que Londres est compris. La date de publication n'étant pas indiquée, et comme il n'existe aucun moyen de la connaître avec certitude, les initiales « nd », signifiant « pas de date », sont ajoutées, et l'entrée complète du catalogue sera :

DICKENS, CHARLES.

L'histoire personnelle de David Copperfield. (*éd. de Charles Dickens*) pp. vi., 533, port., illus. 8vo. sd

1200 Kk

Le nom de l'auteur doit être écrit à l'extérieur à gauche de la carte en haut, le reste de l'entrée suivi d'un retrait de chaque côté, la marque de presse seule sortant à l'extérieur à droite, comme indiqué dans l'entrée imprimée ci-dessus.

16. — Il est de la plus haute importance d'être prudent dans la transcription d'un titre, car il est beaucoup plus facile de se tromper que de s'en apercevoir a posteriori, même au moment de l'impression. Les erreurs de la main et de l'œil s'insinuent imperceptiblement. En outre, une erreur ayant déjà été commise est susceptible de se répéter dans toutes les autres entrées, lorsqu'elle est copiée à partir de la première. Une cause d'erreur très fréquente est de laisser l'esprit être tellement absorbé par l'examen d'un livre en main, que lorsqu'il s'agit d'en traiter un second, un mot du premier sera involontairement écrit dans son titre, et si le résultat est pas très évident en raison de son absurdité, il échappe complètement à l'attention jusqu'à ce qu'il soit imprimé et constitue un témoignage permanent contre le catalogueur.

17. — Les signes et abréviations des mots utilisés dans l'illustration ci-dessus, et tous les autres à suivre, sont ceux habituels dans le catalogage, et comme il existe un certain nombre d'abréviations bien comprises utilisées en relation avec les livres, une liste des Les plus utiles d'entre eux sont donnés à l'Annexe A.

C'est un plan louable que de prendre note de ceux que l'on a l'intention d'utiliser et d'en conserver une liste écrite sur une carte toujours à portée de main pour référence. La liste pourrait ensuite être placée dans la préface du catalogue lors de son impression, pour aider à sa meilleure compréhension par ceux qui ne sont pas versés dans les abréviations de livres. Il convient de se rappeler qu'il n'y a pas grand-chose à gagner à long terme en abrégeant trop étroitement, comme « illus ». est plus facile à comprendre que « il ». ou «malade». et « traduction ». que « tr ».

18. — Lors de la copie d'une page de titre, il est nécessaire d'en suivre attentivement l'orthographe, surtout si elle est particulière, mais non la ponctuation. La ponctuation dans les entrées illustratives tout au long de ce manuel est celle qui est la plus fréquemment utilisée dans les catalogues et qui sera jugée pratique dans la pratique. Mais si une préférence personnelle pour d'autres formes apparaît et qu'un changement s'opère, il suffit que ce changement soit effectué uniformément . Outre les règles ordinaires de ponctuation, il n'y en a que quatre bien définies qui peuvent être considérées comme régissant la question, et celles-ci sont :

R.—Que les titres alternatifs prennent un point-virgule après le premier titre, et une virgule après le mot « ou » ; comme

Saint-Winifred; ou, le monde de l'école.

B.— Que les sous-titres explicatifs soient précédés de deux points ; comme

Le fondement de la mort : une étude de la question de la boisson.

C. — Lorsqu'un élément supplémentaire du livre occupe une place subsidiaire dans la page de titre, afin de ne pas le détacher complètement du reste du titre, que le mot « avec » soit précédé d'un point-virgule ; comme

Vie de Luther ; avec un récit de la Réforme.

D.—Que lorsque le nom d'un éditeur ou d'un traducteur apparaît sur la page de titre, le mot « ed. » ou « traduction ». être précédé d'un point-virgule, comme

Epictète. Discours ; trad. par George Long.

Livre de fée verte ; éd. par Andrew Lang.

Il est nécessaire de souligner que dans le catalogage, il ne faut pas laisser à l'imprimeur le soin de fournir la ponctuation, comme c'est l'habitude pour d'autres livres, et c'est pourquoi le catalogueur doit la fournir avec soin au fur et à mesure qu'il avance, et non pas lorsque vient le temps de préparer le travailler pour la presse.

19. — La même règle s'applique à l'usage des lettres majuscules. Jusqu'à récemment, la mode générale dans l'impression des titres de livres était de donner à chaque mot, ou presque, une majuscule initiale, mais cette coutume est tombée en désuétude. Comme d'autres coutumes démodées, cela a la vie dure, et s'il n'est pas informé que la « copie » doit être strictement suivie à cet égard, l'imprimeur risque tout de même de ne pas mettre les majuscules, et ce malgré le fait que il devra peut-être attendre d'avoir imprimé une feuille avant de pouvoir en imprimer une autre, à cause du jeu des majuscules. Tout ce que l'on attend maintenant, c'est que les majuscules soient utilisées dans les entrées de catalogue comme elles le seraient dans n'importe quel livre ordinaire, c'est-à-dire pour les noms propres ; aux mots venant après un point ; et aux mots dérivés de noms propres. Dans ce dernier cas, une lettre initiale minuscule (*c'est* - à-dire petite) est parfois utilisée dans les catalogues, mais des mots tels que « chrétien », « pauline », « luthérien », « darwinisme », « ibsénisme » n'ont pas une bonne apparence. et doit être évité. Dans les titres étrangers, l'usage de la langue doit être respecté, de sorte qu'il y ait moins de majuscules utilisées en latin, en français ou en italien qu'en anglais, et plus en allemand.

20. — Toutes les dates et tous les chiffres doivent être transcrits en chiffres arabes, même s'ils sont en chiffres romains sur la page de titre. Ainsi, « du XVIIe siècle à nos jours » devient « du XVIIe siècle à nos jours » ; « MDCCCXCIX » devient « 1899 » ; et « Volume XLIV ». est simplement « v. 44. » La seule exception raisonnable à cette règle est que les numéros des noms des potentats soient toujours en romain, bien que dans les catalogues américains, ils soient également mis en arabe. De ce côté-ci de l'Atlantique, nous ne sommes pas encore assez habitués à « Charles 2 », ni même à « Édouard VI », pour l'adopter.

21. — Parfois les chiffres font partie du titre d'un livre, lorsqu'il est désirable, pour des raisons d'apparence, de les écrire en mots : la transcription, bien entendu, étant conservée dans la langue de la page de titre, bien que « 50 études pour le piano » a été vue inscrite dans un catalogue sous le titre « Cinquante études pour le piano ».

22. — En ce qui concerne les langues imprimées en roman, la règle invariable est de s'en tenir à la langue de la page de titre et de ne pas en faire une traduction. Dans les bibliothèques ordinaires, le grec est généralement translittéré en latin ; si un classique grec a à la fois des titres grecs et latins, comme c'est généralement le cas, alors le titre latin est pris plutôt que le titre grec.

23. — Sur ce point de la traduction des pages de titre, la question de l'utilité, surtout dans les bibliothèques populaires, pourrait très bien être considérée. Cela n'arrive pas souvent, mais il est possible qu'une personne soit un musicien compétent et ne connaisse pas un mot de français, d'allemand ou d'italien, et il est donc probable que bon nombre des compositions les moins connues seraient rendues acceptables si une traduction de la page de titre a été donnée ainsi que l'original. Il est bien certain que dans les bibliothèques publiques il y a beaucoup de livres étrangers précieux sur l'ornement et les arts décoratifs, composés presque exclusivement d'illustrations, qui ne sont pas utilisés comme ils devraient l'être. Les entrées de catalogue de ces livres n'apportent aucune signification à de nombreux artisans, et une traduction gratuite pourrait très bien leur être proposée. Si une telle traduction n'est pas fournie, une note décrivant la nature du livre doit être ajoutée.

24. — C'est une règle sûre que la date de publication soit indiquée dans chaque cas et dans chaque entrée, car elle sert dans une certaine mesure à indiquer l'édition particulière du livre, et plus important encore dans les ouvrages scientifiques et techniques, à indiquer si les éditions d'une bibliothèque sont récentes ou obsolètes. Il sera cependant tout à fait inutile dans les bibliothèques populaires de donner les dates de publication dans les entrées des œuvres de fiction, pour la simple raison que beaucoup de livres de cette catégorie de littérature sont si souvent usés puis remplacés par de nouveaux. des copies, qui sont très rarement des mêmes dates que celles imprimées dans le catalogue, et cela devient vite incorrect à cet égard. Heureusement, cela n'a aucune importance, car très peu de lecteurs de fiction se soucient de la date de publication, et on peut donc l'omettre en toute sécurité dans toutes les entrées. Cette déclaration ne s'applique pas aux premières éditions ou aux autres éditions de romans de valeur particulière, telles que la première édition de « David Copperfield », car celles-ci seraient entièrement décrites et soigneusement préservées.

25. — Une suggestion digne de considération a été faite selon laquelle les dates originales de publication devraient être ajoutées aux mentions des réimpressions. Cela augmenterait les informations fournies et pourrait empêcher les personnes de confondre un vieux livre avec un nouveau, bien que les bibliothécaires sachent que les vieux livres sont lus avec autant de plaisir que les plus récents, s'ils sont accompagnés d'illustrations modernes et attrayantes et de jolies reliures. .

26. —Dans l'entrée illustrative, nous avons marqué le livre comme 8vo.— c'est-à-dire de taille in-8°. Nous l'apprenons soit par l'expérience des dimensions des livres, soit par des mesures réelles, et on peut immédiatement admettre que la question de la notation des dimensions est une question épineuse et qu'aucune règle absolue ne peut être établie pour nous guider. Ceux qui ont étudié la question savent qu'il n'existe pas de solution satisfaisante à la difficulté, au-delà de celle de mesurer le livre et de donner sa taille en centimètres ou en pouces. Mais cela encombre trop l'entrée du catalogue, et pour les usages quotidiens ordinaires, les anciens signes suffisent en 8vo. (octavo), 4to. (quarto), et fo . (folio), et ils donnent une idée approximative de la taille. Celles-ci pourront être qualifiées, si cela est jugé nécessaire, par la. (grand), sm. (petit), ou obl. (oblong), si les livres sont d'une taille particulière. Les termes 12 ° ., 16 ° ., 32 ° ., etc. sont parfois utilisés, mais ils ne véhiculent aucune information très précise et les termes supplémentaires « demy », « royal », « impérial » et autres ont aujourd'hui des significations variables, car il n'y a pas de norme fixe en matière de formats de papier ou de livres. . L'Annexe B consiste en un tableau tiré du « Rapport du Comité sur la notation des tailles de la Library Association of the United Kingdom », et celui-ci peut être étudié comme une introduction au sujet, mais ne doit pas être considéré comme décisif. Le rapport complet du Comité se trouve dans les Notes mensuelles de la Library Association, vol. 3, 1882, p. 130-133. Une échelle fabriquée à partir de cette table conviendra aux catalogueurs, tout comme l'échelle pratique et plus connue de la taille d'un livre préparée par M. Madeley du Warrington Museum. Ce sont les pages des livres qui doivent être mesurées et non leurs reliures. Les formats des livres ne sont pas toujours indiqués dans les catalogues imprimés des bibliothèques gratuites et s'ils l'étaient, il est fort probable que les panneaux prêteraient à confusion plutôt qu'aideraient, car la majorité du public ne comprend rien à la question, mis à part la proportion de livres. les livres autres que les in-octavos ne sont pas nombreux dans une bibliothèque de prêt. La bibliothèque de référence contient généralement un nombre considérable d'in-quarto et de folios et les informations sur ce point seraient plus utiles dans le catalogue de ce département.

27. — L'immense valeur des notes explicatives ou descriptives occasionnelles des entrées d'un catalogue est bien connue, mais elles ne sont pas insérées aussi souvent qu'elles pourraient l'être. Ils doivent être ajoutés à l'entrée d'auteur, de sujet ou de titre, lorsque cela est nécessaire, souhaitable ou utile de quelque manière que ce soit, dans la mesure du possible de manière brève et précise, et imprimés sous l'entrée en caractères plus petits, pour montrer qu'ils ne font pas partie de l'entrée. du titre. Voici quelques exemples tirés de divers catalogues :

ALBERT, MARIE. La Hollande et ses héros. 1878

Adapté de « Dutch Republic » de Motley.

BALL (Sir Robert S.) Éléments d'astronomie. 1886. malade.

Connaissances mathématiques requises pour l'étude de ce livre.

Ball, (William P.) Les effets de l'utilisation et de la désuétude sont-ils hérités ? 1890. *Série Nature.*

NOTE. — L'auteur a adopté une vision négative et tente de prouver qu'aucune amélioration de l'humanité ne peut avoir lieu sans l'aide de la sélection naturelle ou artificielle.

BOCCACE , Giovanni. Il décamerone ; nouveau correto et con diligentia stampato . pp. XII, 568. 8o. *Florence* , 1527 [*Venise* , 1729.]

Il s'agit de la contrefaçon de la Giunta ou Décaméron « Ventisetana » de 1527.

Dupont -Auberville , *M.* Art industriel : L'ornement des tissus . 1877

colorés adaptés à tous les usages tirés des tissus textiles.

Mariette, AE, *appelée* Mariette-Bey. Aperçus de l'histoire de l'Égypte ancienne. 1890

Le meilleur bref manuel.

Perse.

Morier, J. Hajji Baba. 1895

Reste encore un livre standard sur la vie et les mœurs persanes.

En ajoutant des notes de cette nature, il est sage de s'en tenir aux déclarations de faits et de ne pas se livrer à l'expression d'opinions.

CHAPITRE IV.
L' ENTRÉE PRINCIPALE.— L'ENTRÉE DE L'AUTEUR, 2.

28. — Après avoir établi quelques-uns des principes généraux à suivre pour rédiger l'entrée d'auteur sous une forme complète, nous passons à d'autres exemples choisis parce qu'ils se trouvent à portée de main et non en raison des difficultés qu'ils présentent. N'importe quel lot de livres ordinaires en contient qui sont gênants pour le débutant en catalogage, et c'est pour cette raison que rien de ce qui peut être considéré comme étant hors du commun n'a été pris dans l'illustration.

Le prochain livre est :

Revue historique de la poésie allemande, entrecoupée de diverses traductions. Par W. Taylor, de Norwich. Londres : Treuttel , etc.

L'ouvrage est en trois volumes, le premier étant daté de 1828, le deuxième de 1829 et le troisième de 1830. Nous constatons par référence à un dictionnaire biographique, ou à un autre ouvrage probable, que le nom de l'auteur est William, et que Wm. Taylor est un nom assez courant, nous retenons la description « de Norwich », afin de pouvoir le distinguer de tout autre auteur du même nom. L'entrée d'auteur est alors :

TAYLOR , William (*de Norwich*).

Revue historique de la poésie allemande, entrecoupée de diverses traductions. 3 v. 8o. 1828-30

Ce livre étant en plus d'un volume, une collation de chacun n'est pas donnée, car l'indication du nombre de volumes est considérée comme donnant une idée suffisante de son étendue. Si l'œuvre était illustrée, ce fait serait quand même énoncé, et non généralement sous la forme « 3 v., illus ». mais « Illus. 3 v. » ou « illus. 3 v." On verra que la date de publication de chaque volume n'est pas indiquée mais seulement la première et la dernière date. Il est nécessaire de préciser que les dates les plus anciennes et les plus récentes ne sont pas toujours celles du premier et du dernier tome d'un coffret, car il arrive parfois qu'il ne s'agisse pas du premier ou du dernier parution. Assez souvent, les volumes d'un ensemble sont constitués de deux ou plusieurs éditions avec de longs intervalles entre les dates. Dans tous les cas, les dates les plus anciennes et les plus récentes doivent être indiquées, et les particularités de l'édition peuvent être indiquées sous forme d'une note à la fin de l'article.

En prenant un autre livre , nous constatons que la page de titre dit :

Vie de Ralph Waldo Emerson, par Richard Garnett, LL.D. Londres, Walter Scott, etc. 1888 et après un examen exhaustif, l'entrée ressort comme

GARNETT , Richard.

Vie de Ralph Waldo Emerson. (*Grands écrivains.*) pp. 200, xiv. sm. 8o. 1888
Avec une bibliographie de John P. Anderson.

29. — L'opportunité, ou non, d'utiliser des initiales au lieu de donner le prénom en entier dans une entrée d'auteur dépend dans une large mesure des exigences de la bibliothèque et de l'espace occupé.

Il semble y avoir une pratique croissante consistant à rechercher à partir de n'importe quelle source disponible tous les noms avec lesquels un auteur a été aux prises. L'objet de cette mesure pour les catalogues, autres que ceux des grandes bibliothèques d'importance nationale, n'est pas très évident, et le catalogueur ne devrait pas s'inquiéter de savoir pourquoi Dickens a choisi d'être connu sous le nom de Charles simplement au lieu de Charles John Huffam, ou pourquoi Du Maurier a préféré être connu sous le nom de Charles. appelé George plutôt que George Louis Palmela Busson , ou encore pourquoi Hall Caine a supprimé l'utilisation de Thomas Henry au début de son nom. Pourtant, ces personnes et d'autres sont apparues avec tous les noms longuement exposés, même dans des catalogues mineurs, et parfois avec les titres des livres coupés à la limite la plus fine afin que le nom entier puisse être inséré. L'esprit de recherche infinie n'est pas toujours un avantage pour le catalogueur.

30. — D'un autre côté, les initiales nues ont peu d'apparence, et la solution médiane devrait être adoptée même lorsque la dépense est une considération, car cela n'ajoute que très peu au coût de l'impression pour donner au moins un nom en toutes lettres. Il faut admettre que dans de nombreux cas où il y a deux prénoms ou plus, les initiales sont suffisamment distinctives à toutes fins raisonnables, comme EA Abbott, AKH Boyd, EA Freeman, et peuvent être utilisées ainsi. Des abréviations bien comprises, comme Chas. Dickens, Géo. R. Sims, Robt. Browning, Thos. Carlyle, peut également être utilisé, mais le gain est si insignifiant qu'il ne vaut pas la peine d'être pris en considération. Le premier prénom utilisé doit être donné au complet, à moins qu'il n'arrive qu'un autre soit mieux ou spécialement connu, comme WH Davenport Adams, J. Percy Groves, J. Cotter Morison, R. Bosworth Smith.

31. — Avec les noms de famille les plus communs, comme Smith, Brown, Jones et les autres, il y aura un certain nombre d'auteurs qui porteront également le même prénom, lorsqu'il faudra prendre un soin particulier à ne pas mélanger les œuvres ensemble, et ainsi attribuer des livres à un mauvais auteur. Certaines distinctions doivent être faites, comme celle montrée dans l'entrée « Taylor of Norwich » (p. 27), et celles-ci sont mieux imprimées en italique. Des exemples de ceux-ci, tirés d'un catalogue, sont

Smith, John, *SLA*

Smith, John, *de Kilwinning* .

Smith, John, *de Malton* .

Thomson, James (*poète* , 1700-48).

Thomson, James (« BV »)

Thomson, James (*Voyageur*).

Lorsque le père et le fils du même nom sont auteurs et que la différence entre eux apparaît dans le livre comme « l'aîné », « jun. », « fils », « aîné », etc., il faut la donner au moment où une inscription est faite, même si elle n'est pas alors nécessaire à des fins de distinction, la bibliothèque ne possédant que les ouvrages de l'un ou de l'autre. Souvent, une telle distinction n'apparaît pas sur le livre et le catalogueur doit l'ajouter. Curieusement, des entrées comme celles-ci ont été vues dans des catalogues :

Frères, P. Modes et costumes historiques .

Nassau, W., *sénateur.* Journaux tenus en France et en Italie.

Le premier livre étant des Paquet frères, et l'autre de Nassau W. Senior.

32. — Les dictionnaires biographiques de toutes sortes sont utiles au catalogueur, mais pour établir des distinctions comme celles mentionnées ci-dessus et pour un usage général, le plus utile et le plus pratique, parce que concis et complet, est « Le dictionnaire de référence biographique, contenant un cent mille noms », de Lawrence B. Phillips (Sampson Low, 1871.) Il existe une édition ultérieure de cet ouvrage, mais il s'agit simplement d'une réimpression sans aucun élément nouveau. Il devrait être superflu de citer le précieux et indispensable « Dictionnaire de biographie nationale » pour les noms britanniques. Le « Dictionnaire critique de la littérature anglaise et des auteurs britanniques et américains » d'Allibone , avec son supplément de Kirk, est un ouvrage de référence quotidien pour les catalogueurs. Pour la biographie allemande, la « Allgemeine deutsche Biographie » (Leipzig, 1875-98) est la plus importante, et pour les noms français la « Biographie universelle » (Paris, 1842-65) est très utile, ainsi que pour les noms en général. Il devrait être complété par le « Dictionnaire des contemporains » de Vapereau .

33. —Le formulaire d'inscription des auteurs est assez clair et simple, et semble facile à mettre en pratique, mais des difficultés surgissent bientôt, et la quantité de connaissances que possède le catalogueur sur les hommes en général et les auteurs en particulier sera rapidement mise à l'épreuve. test. Le prochain livre qui nous est présenté est

Vice versa ; ou, une leçon aux pères. Par F. Anstey. Nouvelle édition révisée. Londres, Smith, Elder, etc., 1883.

Le nom de l'auteur est ici un pseudonyme, et la manière de traiter ces noms a donné lieu à des divergences d'opinions, et par conséquent de pratique. Dans de nombreux catalogues, le vrai nom de l'auteur, lorsqu'il est connu, est pris comme référence à l'auteur, et une référence est donnée à partir du pseudonyme. C'est peut-être une bonne règle à suivre dans des catalogues très spéciaux, mais il ne fait aucun doute qu'elle va à l'encontre de la commodité de la grande majorité des personnes qui utilisent les bibliothèques ; et donc le meilleur plan, parce que le plus pratique et le plus utile, est de faire l'inscription sous le *nom le plus connu* , qu'il soit supposé ou réel. On a souvent dit, et avec beaucoup de justesse, qu'il n'appartient pas aux bibliothécaires de découvrir l'identité d'un auteur en prouvant son utilisation d'un *pseudonyme* , sauf pour une raison suffisante. C'est devenu une véritable manie chez certains catalogueurs de chasser et de fouiller jusqu'à ce qu'ils découvrent si un nom est réel ou non, et leur zèle dans cette direction les induit parfois en erreur, comme en témoigne le fait que « George Eliot » a été inscrit comme Mme. Lewes dans de nombreux catalogues, et Marie Corelli s'appelle Marion Mackay. Le catalogueur, en plus de se donner la peine d'être toujours à la recherche de vrais noms, donne aux lecteurs la peine et l'ennui de chercher à plusieurs endroits du catalogue avant de pouvoir trouver les œuvres de l'auteur qu'ils recherchent. Ceux qui veulent des livres de « Ouida » ne se soucient pas qu'on leur dise, en se tournant vers ce nom, de « voir De la Ramé », ou « Ramée , L. de la », ou même « La Ramé ». Il serait tout aussi absurde, en revanche, de se référer de Dickens à « Boz », ou de Thackeray à « Titmarsh » ; utilisez donc les noms les plus connus . Lorsque le pseudonyme est le nom le plus familier et que l'entrée principale est donc donnée sous cette forme, il est alors souhaitable, mais pas absolument indispensable, de donner également le nom réel, lorsqu'il est connu avec certitude, en le mettant entre parenthèses, comme

Anstey, F. (T. Anstey Guthrie).

Hobbes, John Oliver (Mme PMT Craigie).

Parfois, le pseudonyme est imprimé en italique dans toutes les entrées, mais cela ne sert qu'à souligner le nom, sans indiquer qu'il s'agit d'un pseudonyme connu. Si l'on souhaite souligner que le nom est supposé, alors la forme habituelle de l'imprimer entre guillemets est mieux comprise, car

«Twain, Mark» (Samuel L. Clemens),

mais cela doit seulement être dans l'entrée de l'auteur. Sur ces lignes, le livre devant nous apparaît comme

« ANSTEY , F. » (T.Anstey Guthrie).

Vice versa ; ou, une leçon aux pères. Nouvelle éd. 1883

Pour compléter parfaitement la fiche auteur et éviter toute possibilité d'erreur, nous avons besoin d'une référence croisée pointant du vrai nom vers le pseudonyme sous lequel se trouve la notice, ainsi :

Guthrie, T. Anstey. *Voir* Anstey, F.

Si l'espace n'a aucune importance et que l'on souhaite rendre l'inscription aussi exacte que possible, alors la forme est

Anstey, F. (*pseudonyme de* T. Anstey Guthrie),

et la référence dit

Guthrie, T. Anstey. *Voir* Anstey F. (*pseud.*)

34. — Avant de quitter cette question du traitement des livres pseudonymes, nous pouvons attirer l'attention sur d'autres phases de celle-ci. Il y a la difficulté qui surgit parfois lorsqu'un auteur publie sous un pseudonyme et sous son vrai nom et est tout aussi connu sous les deux. Des exemples en seraient le révérend John M. Watson, dont les œuvres théologiques apparaissent sous son propre nom, et ses histoires sous « Ian Maclaren » ; et JE Muddock , qui publie quelques nouvelles sous ce nom et, dit-on, ses romans policiers sous le nom de « Dick Donovan ». Le bon sens pourrait suggérer de s'en tenir à la règle déjà posée et d'entrer sous les deux noms, mais cela viole l'un des premiers principes du catalogage par dictionnaire, à savoir que toutes les œuvres d'un auteur doivent être regroupées sous un seul nom. . Par conséquent, dans de tels cas, il n'y a pas d'autre choix que d'adopter le vrai nom, en prenant soin en même temps d'éliminer toute occasion de difficulté en donnant des références croisées, comme

"Maclaren, Ian." *Voir* Watson, John M.

"Donovan, Dick." *Voir* Muddock , JE

35. — Ensuite, il y a des livres qui ont une expression pour le pseudonyme, comme « Celui qui a tenu un journal » ou « Un siffleur à la charrue ». Ceux-ci, bien que nominalement des pseudonymes, sont pratiquement des anonymes, et il est d'usage dans les catalogues complets et spéciaux de faire en sorte que l'entrée sous le premier mot ne soit pas un article d'un tel nom de phrase. On peut considérer comme très probable qu'une telle mention dans la plupart des catalogues serait tout à fait superflue. Des livres comme :

"Cinq ans de travaux forcés, par Celui qui l'a enduré."

"Trois en Norvège, par Deux d'entre eux."

serait mieux traité si les entrées de titre, telles que celles-ci, étaient considérées comme les entrées principales et si le pseudonyme était ignoré. Il s'agit d'un cas où le catalogueur usera de sa discrétion quant à la meilleure voie à suivre, en étant guidé par les exigences de la bibliothèque, mais c'est une erreur de la part de donner les deux formulaires s'il y a le moindre doute.

36. — Les livres portant uniquement des initiales au lieu du nom de l'auteur se situent entre le pseudonyme et l'anonyme. Les initiales peuvent être celles d'un nom ou indiquer un titre ou une profession. Dans tous les cas où le nom voilé par les initiales ne peut être découvert, ni leur signification établie, alors l'entrée est donnée sous la *dernière* lettre, mais si les lettres représentent un pseudonyme connu, comme « ALOE », ou un titre ou un diplôme, comme « par un député » ou « MA (Oxon) », alors la première lettre est prise à la place de la dernière. Parfois, un initialisme sera donné comme « par BHW, DD », lorsque, le sens étant clair, l'entrée sera sous le W., comme

W., BH, *DD*

Si l'on sait quel est le nom couvert par les initiales, comme AKHB ou LEL, alors l'entrée est donnée sous le nom au complet,

Boyd, AHK

Landon, LE

mais il est nécessaire que des références croisées soient données à partir du sigle, comme

B., AKH *Voir* Boyd, AKH

L., LE *Voir* Landon, LE

La remarque sur l'utilité, dans les catalogues mineurs, de donner une entrée sous un pseudonyme de phrase s'applique également aux initiales et suscite les mêmes doutes.

37. —En classant les entrées par ordre alphabétique, il convient de noter que les initiales ont préséance sur tous les autres noms dans chaque lettre particulière, comme

B., AKH

B., GW

Baar , Thomas.

"Bébé."

Les ouvrages les plus utiles au catalogueur pour révéler les vrais noms sont le Dictionnaire de Halkett et Laing *de la littérature anonyme et pseudonyme de Grande-Bretagne*, *les Initiales et pseudonymes de Cushing* et *Les supercheries littéraires. dévoilées*, par Quérard. Une liste de pseudonymes, pour la plupart des instances modernes, avec les vrais noms, sera trouvée en Annexe C, par ceux qui en auront besoin.

38. — L'illustration suivante a été choisie parce qu'elle est nettement anonyme, c'est-à-dire que l'auteur n'est indiqué sous aucune forme dans le livre, que ce soit par un pseudonyme ou un initialisme, et que les sources d'information ordinaires ne permettent pas d'en découvrir la paternité.

Temps et jours : être des essais de romance et d'histoire, pp. VIII, 215. sm. 8o. 1889

Sur de tels livres, s'ils en valent la peine, l'industrie du catalogueur peut très bien s'exercer, car les bibliothécaires et le public estiment qu'ils ont pleinement le droit de découvrir qui est l'auteur s'ils le peuvent. Si le livre est d'une quelconque importance, le nom de l'auteur sera certainement révélé tôt ou tard à des fins d'information générale, et cette possibilité ajoute du piquant à la recherche du nom au moment où le catalogueur en a besoin. Outre les ouvrages de référence déjà mentionnés, il convient de consulter *la Bibliotheca Britannica de Watt (pour les ouvrages plus anciens),* celle de Barbier *Dictionnaire des ouvrages anonymes*, et toutes bibliographies ou catalogues spéciaux à portée de main, sans oublier le grand *catalogue des livres imprimés du British Museum*. Les catalogues locaux s'avèrent souvent utiles dans ce travail, car l'identité d'un auteur peut être connue localement mais pas au-delà. Il convient de souligner que si une œuvre est simplement « attribuée » ou « dite être » par une personne particulière, il est préférable de considérer le livre comme totalement anonyme. Pour ne citer qu'un exemple, Halkett et Laing attribuent la paternité des « pamphlets rouges » autrefois célèbres sur la *mutinerie de l'armée du Bengale* au major Bunbury, alors que l'on sait maintenant que l'auteur était le regretté colonel GB. Malleson.

Dans le cas où la recherche du nom de l'auteur s'avère vaine, la règle est que l'entrée principale soit donnée sous le premier mot du titre *et non sous un article*, de la même manière que les entrées suivent dans l'ouvrage de Halkett et Laing. Si la bibliothèque est petite et de caractère général, il serait quelque peu pédant de s'en tenir strictement à cette règle, surtout si le sujet du livre est clairement indiqué sur sa page de titre. Par exemple, des livres comme *Une brève histoire de la Pologne* et *Le guide du randonneur à Harrogate* seraient traités de manière ample et satisfaisante si les entrées étaient uniquement classées sous « Pologne » et « Harrogate » respectivement, au lieu de sous « Court » et « Rambler's ». », comme l'exige la règle.

39. — Lorsqu'on dit que les livres sont « de l'auteur de... » et qu'il est impossible de déterminer avec certitude qui est l'auteur, alors ils sont traités comme totalement anonymes et traités en conséquence, comme

N. ou M., de l'auteur de « Honneur brillant ».

Aucune entrée ne serait faite sous « Honneur brillant », sauf, bien sûr, pour ce livre lui-même s'il se trouvait dans la bibliothèque.

CHAPITRE V.
L'ENTRÉE PRINCIPALE — L'ENTRÉE DE L'AUTEUR, 3.

40. — D'autres difficultés surviennent de temps à autre lors de la saisie des auteurs, en raison de la grande diversité des formes de noms d'auteurs. Le premier livre que nous prenons pour illustrer l'un d'entre eux est :

M. Tullii Cicéronis Oraisons ; avec un commentaire de George Long. (Bibliotheca classica ; éd. par George Long et AJ Macleane .) 4 v. 8o. 1855-62

La règle est de transcrire les noms grecs et latins soit à la forme anglaise, comme Cicéron, Horace, Tite-Live, Ovide, soit au nominatif latin comme M. Tullius Cicéron, et donc l'entrée sera :

CICÉRON , M. Tullius. Oraisons ; avec un commentaire, par George Long. (*Bibliothèque classique*). 4 v.la. 8o. 1855-62

Les noms grecs ne sont pas simplement transcrits en caractères romains, comme Homeros , mais sous la forme anglaise ou latine, comme Homer, Homerus . Toutes les formes du nom, quelle que soit la langue du livre original ou de ses traductions, doivent être concentrées sous la forme adoptée ; ainsi les trois livres suivants,

Les odes d'Horace ; trad. en anglais par le Rt. L'hon. WE Gladstone, député pp. xvi., 154. 8o. 1894

Quinti Horaces Flacci Opéra omnia; avec un commentaire du révérend Arthur John Macleane , MA 4e éd., révisé par George Long, MA (1869). (*Bibliotheca classica* .) pp. 8o. 1881

Q. Orazio Flacco. Odi , épistole , satire ; traduction de Diocleziano Mancini. pp. 64. sm. 8o. *Château* , 1897

sont inscrits sous Horace ou Horatius Flaccus (Quintus), et apparaîtraient donc comme

HORACE. Opéra omnia ; avec un commentaire, par Arthur J. Macleane . 4e éd., révisé par Geo. Longue (1869). (*Bibliotheca classica* .) pp. 8o. 1881

— Odi , épistole , satire ; trad. di Dioclétien Mancini. pp. 64. sm. 8o. *Château* , 1897

— Odes ; trad. en anglais par WE Gladstone, pp. xvi, 154. 8o. 1894

Il est très rarement demandé de donner des références croisées d'une forme de nom à l'autre, surtout dans le cas des auteurs classiques. Il convient de noter qu'une uniformité absolue est nécessaire dans le style de ces noms dans un seul catalogue, qu'il soit sous la forme latine ou anglaise, car il serait incohérent d'avoir, disons, Virgilius à un endroit et Tite-Live à un autre - en d'autres termes, ce devrait être Virgil et Tite-Live ou Livius et Virgilius , bibliothèques populaires adoptant la forme anglaise comme la plus appropriée.

41. — La manière habituelle d'organiser les entrées dans un cas tel que celui d'Horace donné ci-dessus, est de donner d'abord les œuvres entières dans l'original, puis les œuvres entières en traductions, ensuite les parties de l'original suivies de traductions de celles-ci dans à leur tour, les plus grandes parties ayant préséance sur les plus petites, et celles de la langue de l'original venant avant les traductions sans égard à l'ordre alphabétique.

42. — Il existe des classes de personnes dont les noms apparaissent plus souvent sous l'avis du catalogueur pour le sujet que pour l'auteur, comme les souverains, les princes, les saints et les papes ; mais comme une seule règle régit les deux formes d'entrée, on peut y faire référence à ce stade. Tous ces personnages sont inscrits sous les prénoms sous lesquels ils sont connus et non sous des noms de famille ou de titulaire. A ces noms sont inclus ceux d'usage ancien ou médiéval avant l'époque des noms de famille fixes, ou lorsqu'ils n'étaient que de simples sobriquets. Omettre les titres de livres dans les exemples d'illustration de tout cela avec la forme correcte serait :

Albert, *prince consort* .

Albert Édouard, *prince de Galles* .

Augustin, *St.*

Giraldus Cambrensis .

Léon XIII., *Pape* .

Paul, *St.*

Thomas a'Becket .

Thomas a'Kempis .

Victoria, *reine* .

Guillaume *de Malmesbury* .

Il serait plus sûr de fournir des références croisées pour des noms tels que Thomas a' Becket et Thomas a' Kempis, ainsi :

Becket, Thomas et. *Voir* Thomas et Becket.

Kempis, Thomas et '. *Voir* Thomas a' Kempis.

43. — Curieusement, c'est une erreur assez courante dans les catalogues d'inscrire tous les saints ensemble sous « Saint », au lieu de sous leurs noms, et on a même tenté de justifier une absurdité aussi évidente en affirmant que les gens naturellement tournez-vous vers le mot « Saint » pour de tels noms. C'est très probable, mais il serait tout aussi raisonnable de s'attendre à trouver les livres de Lord Beaconsfield sous « Lord » ou « Earl » et ceux de M. Gladstone sous « Mr ». En outre, si une telle règle était logiquement appliquée dans le cas de toute personne canonisée, Sir Thomas More serait désormais inscrit sous « Bienheureux » et Thomas a' Becket sous « Saint ».

44. — Dans le cas des nobles auteurs, l'entrée doit être sous le titre et non sous le nom de famille, bien qu'il puisse être nécessaire dans certains cas de donner une référence croisée à partir du nom de famille. Des exemples illustratifs en seraient :

Beaconsfield, comte de. Coningsby.

Disraeli, Benjamin. *Voir* Beaconsfield.

Argyll, duc de. Le règne du droit.

Dans les catalogues complets, il est habituel de donner plus de détails, comme

Beaconsfield, Benjamin Disraeli, comte de.

Argyll, George D. Campbell, 8e duc de.

mais même dans des catalogues concis, si la bibliothèque possède des livres de nobles portant le même titre, la distinction doit être clairement indiquée comme

Albemarle, 6e comte de. Cinquante ans de ma vie.

Albemarle, 8e comte de. Vélo.

ou plus complet encore, comme

Derby, Edward, 14e comte de. L'Iliade d'Homère, traduite.

Derby, Edward H., 15e comte de. Discours et adresses.

45. — Dans certains cas exceptionnels et bien définis, il est préférable de placer les inscriptions sous le nom de famille, parce qu'il est plus d'usage courant et donc mieux connu, comme

Bacon, Francis, Seigneur Verulam.

Walpole, Horace, comte d' Orford .

Il est important de rappeler que le titre de l'auteur à utiliser n'est pas celui du moment où le livre a été publié, mais le titre le plus élevé atteint au moment de la préparation ou de la publication du catalogue.

46. — Cela nous amène à nous demander dans quelle mesure les titres honorifiques , de rang professionnel ou de réussite scolaire doivent être utilisés dans le catalogage, notamment en relation avec les noms d'auteurs. C'est une question qui a été réglée davantage par la commodité et l'usage que par des règles fixes. Il est d'usage d'omettre tous les titres de rang inférieur à celui d'un chevalier, toutes les distinctions d'un nom comme « Baronnet », « Chevalier », « Très Honorable » et « Honorable », ainsi que les initiales des divers ordres de chevalier. chevalerie, comme KG, KCB, CB, etc. Les diplômes universitaires et les initiales d'appartenance à des sociétés savantes ou autres, comme DD, MA, FRS, FRHist.S ., etc., sont ignorés, tout comme les titres professionnels, comme professeur, colonel, docteur, avocat. Par exemple, dans la « république des lettres », comme en témoigne le catalogage,

Le très honorable Sir Charles Wentworth Dilke , Bart., député

devient simplement

Dilke , Sir Charles W.

et

Le très honorable professeur F. Max Müller.

est

Müller, F. Max.

Sur le même plan, la plupart des titres ecclésiastiques sont passés sous silence, ou du moins tous sous le rang de doyen, et tous les préfixes comme « très révérend », « révérend ». sont laissés de côté. Ainsi

Le très révérend le Lord Évêque de Londres, Mandell Creighton, DD, etc.

est réduit à

Creighton, Mandell, *évêque. de Londres* .

ou encore plus court, si vous le souhaitez, pour

Creighton, Mandell, *évêque.*

Il a été constaté qu'un traitement simple de ce genre répond à toutes les exigences, et qu'il n'est absolument pas nécessaire de perdre de la place dans un catalogue en ajoutant des éléments superflus de ce genre, en outre, la ligne doit être tracée quelque part et, comme le catalogueur n'a aucune raison, même pour des motifs politiques, pour se livrer au snobisme, il n'y a aucune raison de gonfler un catalogue dans des proportions excessives.

47. — Si l'on désire cependant inclure des diplômes ou d'autres affixes distinctifs, ils doivent suivre le nom chrétien, comme

Jones, Thomas, *LL.D.*

et pas

Jones, *LL.D.* , Thomas.

Les préfixes seraient insérés dans leur ordre approprié, comme

Jones, *Dr* Thomas.

Tout ce qui ne fait pas réellement partie du nom de l'auteur doit être distinctif en étant imprimé en italique, comme indiqué ici.

48. — On ne saurait trop souvent faire comprendre au jeune catalogueur combien il est important de se tenir au courant de tous les changements qui se produisent dans le monde qui l'entoure et, plus particulièrement, dans le monde littéraire et social. Même si de nombreuses sources d'information sont disponibles dans une bibliothèque bien équipée, aucune d'entre elles ne peut compenser une mémoire rémanente et un esprit vif, même pour les affaires relativement insignifiantes qui doivent être constamment notées si l'on veut éviter les erreurs, ou à du moins si le catalogue doit montrer les dernières informations. Par exemple, à chaque nouvel an et anniversaire de la reine, les listes de nouveaux honneurs sont dressées. publiés dans la Gazette doivent être lus, car un ou deux auteurs peuvent être parmi ceux élevés à la pairie ou être nommés baronnets ou chevaliers et leur style dans le catalogue doit être modifié en conséquence. Ce conseil peut être considéré comme inutile, car les catalogues des bibliothèques sont censés couvrir, et couvrent effectivement, tout le champ de la connaissance humaine dans toutes les directions, et il est du devoir du catalogueur de maintenir ses connaissances à jour pour que ses services valent beaucoup. Il est bon cependant de le faire remarquer aux débutants, sinon, si l'on ne prête pas attention à ces détails, ils découvriront très vite, ou d'autres le découvriront pour eux, qu'ils ont des livres écrits par la même personne sous deux noms, parfois trois, dans un seul catalogue. De nombreux exemples pourraient être donnés sur la façon dont cela peut être réalisé, mais il suffira d'en donner un. La première édition, 1887, du livre sur le cyclisme de la série «Badminton Library» a pour auteurs les noms du vicomte Bury et GL Hillier, et la nouvelle édition de 1895 est du comte d'Albemarle et GL Hillier. Il ne suffirait pas qu'une bibliothèque possédant la première édition la fasse maintenant entrer sous « Bury », ni qu'une bibliothèque possédant les deux éditions inscrive l'une sous « Bury » et l'autre sous « Albemarle ».

49. — Ce point peut être encore souligné en déclarant que les changements ecclésiastiques dans les ordres supérieurs du clergé doivent être soigneusement observés de temps en temps, de sorte que le tout dernier office soit montré au moment de l'impression du catalogue, ou que le des modifications sont apportées si elles sont manuscrites. Il ne serait pas bon de continuer à décrire Frederick Temple comme évêque d'Exeter ou même comme évêque de Londres, Mandell Creighton comme évêque de Peterborough ou Frederick W. Farrar comme archidiacre, bien que leurs noms puissent ainsi apparaître sur les livres catalogués.

Parfois, des livres seront trouvés par des auteurs dont la fonction ecclésiastique et non leurs noms apparaissent sur les pages de titre, comme « par William, évêque de Chester », « par l'archevêque d'York », lorsqu'il faut rechercher le nom et prendre soin de le trouver. donnez le crédit du livre à la bonne personne. Par exemple, il existe un livre sur la Riviera, publié en 1870, « par le doyen de Canterbury », qui pourrait facilement être attribué à Dean Payne Smith au lieu de Dean Alford, et un catalogueur très négligent ou irréfléchi pourrait même l'ajouter à Dean. Les livres de Farrar. A cet égard, un livre de référence très utile est *Le livre des dignités* , de Joseph Haydn, continué par Horace Ockerby , 1894, et bien sûr, tous les anciens volumes disponibles d'annuaires cléricaux ou de calendriers diocésains s'avéreront utiles.

50. — Mais les dames doivent être surveillées avec beaucoup plus de soin, car elles sont d'autant plus portées à changer de nom, et cela sans qu'aucune preuve d'un tel changement ne soit donnée sur la page de titre. De nombreux exemples pourraient être donnés de dames qui ont écrit à la fois sous leur nom de jeune fille et sous leur nom de mariée. Si les dames continuent à écrire sous leurs noms de jeune fille, alors la règle donnée pour les livres pseudonymes s'appliquerait à merveille, et le nom le plus familier devrait être utilisé, comme ME Braddon, et non Mme Maxwell, Florence Warden et non Mme James. Là où les femmes auteurs sont plus connues sous les noms de leurs maris avec le préfixe « Mme », comme Mme Humphry Ward, Mme Coulson Kernahan , etc., on constatera que la forme la plus connue est également la meilleure pour une utilisation dans un catalogue général ou populaire, mais il serait plus exact de donner les noms propres des dames. Si l'exactitude est de première importance, alors la distinction peut très bien être démontrée, comme

Ward, Mary A. (Mme Humphry Ward).

Kernahan , Jeanie G. (Mme Coulson Kernahan).

Lorsque les noms de jeune fille et de mariage sont donnés sur une page de titre, comme « Katharine Tynan (Mme HA Hinkson) », alors il est préférable d'adopter le nom de femme mariée pour l'entrée, mais une référence croisée doit être donnée, en particulier si les livres ont été publiés sous le seul nom de jeune fille. En conséquence, l'entrée serait

Hinkson, Katharine (Katharine Tynan).

et la référence

Tynan, Katharine. *Voir* Hinkson, Katharine.

51. — Les particularités de forme des noms de famille exigeront ensuite d'être prises en considération, et probablement les premières d'entre elles seront les noms avec des préfixes patronymiques ou autres. Si l'auteur est anglais, ou l'est pratiquement devenu (et « anglais » doit être compris ici dans son sens le plus large), alors le préfixe est simplement considéré comme une partie du nom et, en tant que tel, il commence. Voici quelques exemples de noms sous cette forme :

Saint-Jean, Percy B.

De Crespigny , EC

D'Israéli , Isaac

Fitz George, George

Le Gallienne, Richard.

L'Estrange , AG

M'Crie , Thomas.

MacDonald, Georges.

O'Brien, William.

Ap John, Lewis.

Van Dyck, Sir A.

52. — Dans les noms français, l'inscription ne doit pas être faite sous le préfixe « de », mais sous le nom qui le suit immédiatement, à moins que le « de » ne soit devenu tellement incorporé dans le nom de famille qu'il en fait partie intégrante plutôt que un préfixe. Si le préfixe se trouve être l'article défini « le » ou « la », ou si l'article est compris dans celui-ci, comme « du », alors l'entrée doit être donnée sous le préfixe. Les noms suivants montrent la partie du nom qui commence :

Maupas , CE de.

Decourcelle , A.

Delaroche, Paul.

La Bruyère , Jean de.

La Sizeranne , Robert de.

Le Monnier, L.

Du Boisgobey , F.

Du Camp, Maxime .

En classant ces noms par ordre alphabétique , ils sont placés comme si le préfixe faisait partie du nom, et les cinq derniers seraient remplacés par Labr ., Lasi ., Lemo ., Dubo ., Duca . Les noms anglais sont traités à peu près de la même manière, mais les contractions doivent être placées comme si elles étaient épelées en toutes lettres, et les lettres omises par élision doivent être ignorées. De cette façon, les noms anglais donnés ci-dessus viendraient dans l'ordre : St. John comme Saint John (non pas comme Saintj , cependant, mais *avant* Sainte, comme Sainte-Beuve), De Crespigny comme Decre ., D'Israeli comme Disra ., Le Gallienne comme Legall ., L'Estrange comme Lestr ., M'Crie comme Maccrie , Mac Donald comme Macdon ., O'Brien comme Obri ., Ap John comme Apjohn et Van Dyck comme Vandyck . Bien entendu, les noms ne doivent en aucune façon être modifiés par rapport à la forme figurant sur les pages de titre, même dans le but de les harmoniser avec les noms voisins dans l'ordre alphabétique.

53. — Dans les noms allemands et néerlandais, « von » et « van » sont inscrits après le nom de la même manière que le « de » français comme suit :

Ewald, GHA von.

Beneden , PJ van.

Certains catalogueurs les conservent ainsi que le « de » français à leur place comme préfixes, tout en les ignorant pour l'ordre alphabétique, ainsi :

von Ewald, GHA

van Beneden , PJ

de Cuvier, Georges, Baron.

bien sûr, en les plaçant sous Ewald, Beneden , Cuvier. L'effet n'est pas entièrement satisfaisant et brise la ligne courante de l'alphabet.

54. — La difficulté suivante est celle des noms composés. On a déjà laissé entendre que l'uniformité stéréotypée n'est pas toujours recommandée, mais lorsqu'il s'agit de noms de ce type, il est préférable de fixer une règle et de s'y conformer strictement. Dans le cas des noms composés anglais , la meilleure solution à adopter est de donner les entrées sous le nom *de famille* dans tous les cas. Des exemples de tels noms seraient

Phillipps , JO Halliwell.

Turner, C. Tennyson.

Dunton, Théodore Watts.

Ceux-ci sont si bien connus de la plupart des gens sous le nom de noms modifiés, qu'il ne serait pas tout à fait correct de donner simplement une initiale pour le prénom, car

Phillipps , JOH

Turner, Connecticut

Dunton, Théodore W.

bien que dans la plupart des cas de noms composés, cela ne signifierait rien.

Selon certaines règles de catalogage, il est recommandé que lorsque l'auteur a ajouté un nom à une période tardive de sa vie, comme l'ont fait les personnes susmentionnées, l'entrée soit indiquée sous la première partie du nom. L'objection à l'adoption de cette solution est que deux méthodes seraient utilisées, et elles prêteraient probablement à confusion, car il n'est pas toujours clair ni généralement connu qu'un nom composé consiste en réalité dans l'ajout d'un nom au nom composé. nom de famille d'origine. Il arrive plus souvent, par suite de mode ou de faiblesse, que deux noms appartenant déjà de droit à une personne soient simplement joints par un trait d'union et deviennent ainsi « composés ». Encore une fois, il n'est pas toujours démontré ou connu qu'un nouveau nom a été pris, comme par exemple JFB Firth se décrit ainsi dans ses livres sur le gouvernement de Londres, et non comme JF Bottomley-Firth, bien qu'il soit né Bottomley et ait pris le nom de Firth par la suite. Donc, tout bien considéré, il est plus sage de s'en tenir au nom de famille, d'autant plus qu'il est si facile de le sauvegarder dans les cas douteux par les renvois utiles, tels que

Tennyson-Turner, C. *Voir* Turner.

Halliwell- Phillips , JO *Voir* Phillipps .

Watts-Dunton, Théodore. *Voir* Dunton.

Même ces références croisées sont rarement nécessaires, car on peut raisonnablement présumer que si une personne ne parvient pas à trouver les entrées sous un nom, elle se tourne vers l'autre, donc si elle veut des livres du révérend S. Baring-Gould, et ne parvient pas à les trouver sous Baring, il est peu probable qu'il conclue qu'ils ne sont pas dans la bibliothèque sans d'abord regarder sous Gould.

55. — Mais bien que cette règle d'utilisation de la dernière partie d'un nom composé soit valable pour les auteurs anglais, la méthode inverse doit être adoptée comme correcte pour les noms composés étrangers, et l'entrée donnée en conséquence sous la première partie d'un tel nom , comme

Dreux-Brézé , marquis de.

Martinengo-Cesaresco , comtesse.

Merle d'Aubigné , JH

Tascher de la Pagerie , Comtesse de.

On verra que cette forme est principalement régie par les usages du pays auquel appartient l'auteur, et les catalogueurs se familiariseront autant qu'ils le pourront avec les usages de chaque pays, soit par la lecture, soit par une référence constante à dictionnaires biographiques autochtones et catalogues faisant autorité.

56. — Dans une bibliothèque britannique moyenne, les noms orientaux ne seront signalés qu'occasionnellement au catalogueur et seront alors pour la plupart attachés à des livres anglais. Une règle générale peut être établie selon laquelle la première partie de ces noms doit être utilisée pour l'entrée de l'auteur, comme

Omar Khayyam. Rubàiyàt ; trad. par Fitzgerald.

Wo Chang. L'Angleterre à travers les spectacles chinois.

Dosabhai Framji Karaka. Histoire des Parsis.

mais une règle de ce genre ne doit pas être aveuglément suivie, car elle comporte certainement des exceptions. Une autre partie du nom peut être la forme la plus connue ou même la plus correcte, comme :

Ranjitsinhji , KS Le livre du jubilé du cricket.

en gardant toujours à l'esprit que le nom de famille selon les idées occidentales, transmis de génération en génération, n'existe pas en Orient. Dans tous les cas, il est judicieux de consulter les catalogues disponibles, compilés par des experts en langues et coutumes orientales. Il faut également faire preuve de prudence en traitant ces noms, de peur qu'il ne soit découvert trop tard que l'entrée a été donnée sous un titre et non sous un nom. Aux pages 76-97 de Linderfelt *Dans les règles éclectiques du catalogue de fiches,* on trouvera une liste de titres et de professions orientaux avec leur signification, et son utilisation contribuera grandement à éviter des erreurs de ce genre. *Dictionnaire biographique oriental* de Beale ; révisé par HG Keene (WH Allen, 1894) est également un ouvrage utile à cet égard.

CHAPITRE VI. L'
ENTRÉE PRINCIPALE.— L'AUTEUR-ENTRÉE, 4.

57. — Lorsque les livres sont écrits en collaboration, la procédure habituelle est de faire la mention sous le premier auteur nommé, si l'on n'en indique pas plus de deux sur la page de titre, suivis du nom du second. S'il y a plus de deux auteurs, seul le nom du premier est donné, suivi de « et autres » ou « &c. », comme

Woods, Robert A. et autres. Les pauvres dans les grandes villes.

Il est souhaitable de donner une référence croisée de chaque co-auteur au nom sous lequel l'entrée est placée, mais cela dépend grandement du style du catalogue, que cela soit fait ou non. Dans la plupart des cas, on constate que les références peuvent être supprimées s'il y a plus de deux auteurs, et assez souvent à partir du deuxième s'il n'y en a que deux. Il est peu probable, par exemple, qu'une référence soit nécessaire de Rice à Besant pour les romans de Besant et Rice, ou de Chatrian pour ceux d' Erckmann-Chatrian . Si toutefois le deuxième auteur est également l'auteur unique d'autres ouvrages de la bibliothèque, la référence est inévitable et doit être indiquée. Dans l'entrée principale, il n'est pas nécessaire d'inverser les noms d'un auteur autre que le premier, bien que cela soit parfois fait, comme

Besant, Sir Walter et Rice, James ;

mais la meilleure forme est

Besant, Sir Walter et James Rice.

58. — L'ordre de classement des livres écrits par un auteur qui est aussi co-auteur est de donner en premier les livres écrits par lui seul ; puis les livres auxquels il a collaboré, avec son nom occupant la première place sur la page de titre ; et enfin les références à d'autres auteurs avec lesquels il s'est associé, mais avec son nom à une place secondaire. Les entrées seraient classées séparément par ordre alphabétique dans chacune de ces divisions. Ce qui suit illustre ce point : -

STEVENSON , Robert L. La flèche noire.

— Barrage d'Hermiston.

— et Fanny. Le dynamiteur.

— et Lloyd OSBOURNE . La marée descendante.

— La dépanneuse.

— *Voir aussi* Henley, NOUS

59. — Comme dans cette illustration le tiret de répétition a été utilisé, on peut indiquer ici que son but est de sauvegarder la répétition du nom de l'auteur dans chaque entrée après la première, et, comme le montre le cas de « The Wrecker, " Il n'est en aucun cas nécessaire de donner plus d'un seul tiret, car la position de l'entrée indique qu'elle est des mêmes auteurs que le livre précédent. C'est à cause de l'utilisation abusive de ce tiret qu'est née la vieille blague du catalogue

Mill, JS Sur la liberté.

— Sur le fil.

et d'autres tout aussi ridicules se trouvent dans les catalogues où l'utilisation du tiret n'est pas limitée à la répétition des noms d'auteurs ou à la répétition d'une vedette-matière, mais ce point est traité plus en détail sous le catalogage par sujet (article 102).). Il convient de noter que dans le cas des noms d'auteurs ou d'éditeurs, l'utilisation du tiret est strictement limitée à la répétition du deuxième livre et des livres suivants du même auteur, et non à la répétition de tous les auteurs portant le même nom, car

Fletcher, André.

— Rampe.

—LCR _

— Gilles.

—JS _

—JW _

Cette mauvaise forme doit être évitée, et le nom de chaque personne doit être indiqué en toutes lettres, ainsi que

Fletcher, André.

Fletcher, rampe.

Fletcher, CRL

60. — La musique n'est généralement pas traitée en supposant que le librettiste est co-auteur avec le compositeur. Ce dernier est toujours considéré comme l'auteur et la notice est portée uniquement sous son nom. La raison en est que, dans le cas des opéras, des oratorios et autres, le livret n'est qu'une question secondaire et que les livres sont placés dans les bibliothèques uniquement pour la musique, et que dans les partitions vocales des opéras, il y a rarement un livret complet. De cette façon, les opéras de Gilbert-Sullivan ne sont inscrits que sous Sullivan, et si cela est jugé souhaitable, une référence de Gilbert peut être donnée, mais elle n'est pas essentielle. Ce qui suit est tiré de la page de titre d'un de ces opéras.

« Un opéra entièrement nouveau et esthétique en deux actes intitulé « Patience ; ou, la fiancée de Bunthorne », écrit par WS Gilbert, composé par Arthur Sullivan, arrangé à partir de la partition complète par Berthold Tours. Londres."

Correctement adapté, cela apparaîtra dans le catalogue comme

SULLIVAN , Sir Arthur S.

Patience; ou, la fiancée de Bunthorne : opéra ; organisé par Berthold Tours. (*Partition vocale.*) pp. 117. 4o. sd

Il est à peine nécessaire de dire que si, par contre, seul le livret d'un opéra ou d'une œuvre similaire se trouvait dans la bibliothèque, l'entrée serait donnée sous le librettiste et le compositeur serait ignoré, car il n'y aurait aucune de ses œuvres. dans le livre.

Parfois, une exception à ces règles surviendra et se trouverait dans un livre comme

les mélodies irlandaises de Moore ; avec accompagnements de MW Balfe.

car il est assez probable qu'une édition des Mélodies de Moore avec musique serait nécessaire sans égard au compositeur, bien que le livre ait pu être placé dans la bibliothèque davantage à cause de la musique. Il faut donc indiquer les deux inscriptions, celle au nom de l'arrangeur étant le donneur d'ordre, ainsi que

BALFE , Michael W.

les mélodies irlandaises de Moore ; avec accompagnements. pp. VIII., 192. la. 8o. sd

MOORE , Thomas.

Mélodies irlandaises ; avec accompagnements de Balfe. sd

61. — Lorsqu'un livre consiste en un recueil d'essais ou d'articles de plusieurs auteurs, rassemblés par un éditeur, il convient de donner la notice principale sous le nom de l'éditeur plutôt que sous celui du premier auteur nommé dans le Contenu. Si un livre de cette nature est d'une importance suffisante, chacune de ses divisions peut être traitée comme un ouvrage séparé, et les entrées d'auteur données, chaque auteur n'étant crédité que de sa part. Quant à la mesure dans laquelle les livres de ce genre doivent être traités, cela dépend entièrement du catalogueur, l'espace et l'utilité étant les deux points importants à considérer. Il arrive fréquemment qu'un seul essai ou une seule section d'un livre contienne l'essence de plusieurs volumes, et pour un homme occupé, de tels essais peuvent avoir plus de valeur réelle qu'un livre entier. Encore une fois, si une personne est intéressée par l'œuvre d'un auteur particulier, elle sera heureuse non seulement d'avoir les livres complets, mais aussi ses contributions à des ouvrages divers, et celles-ci sont montrées par l'indexation du contenu. Cela augmenterait l'étendue et le coût d'un catalogue, mais cela augmenterait en même temps sa valeur et son utilité. Bien entendu, il existe de nombreux volumes de cette nature diverse, dont le contenu est d'une valeur très minime ou éphémère, et les indexer ainsi serait une perte d'énergie et d'espace. Il est tout aussi facile d'exagérer cette indexation des contenus que de la réaliser judicieusement, comme en témoigne le fait que certains bibliothécaires se sont donné la peine d'indexer les principaux contenus d'ouvrages de référence aussi évidents que l' *Encyclopædia Britannica* et le *Dictionary of Biographie nationale* . En cette matière, on voit donc qu'aucune règle fixe ne peut être fixée. Parfois, la présentation du contenu sous la rubrique principale sera suffisante. Cela n'implique pas que le contenu des volumes de magazines, de revues, etc. doive être traité de la sorte, comme on le voit parfois tenter, bien sûr avec des résultats déplorables en ce qui concerne l'exhaustivité, car au mieux on ne peut en donner qu'une sélection, et même cela nécessite de parcourir des pages en petits caractères serrés ; en fait, le seul véritable objectif qu'il sert est de montrer ce que sont les histoires en série dans un volume particulier. Personne ne peut nier le fait qu'une énorme quantité de documents précieux est cachée dans les anciens volumes des magazines, mais les bibliothécaires doivent s'appuyer sur des ouvrages tels que l' *Index de la littérature périodique de Poole* , avec ses suppléments, et l' *Index annuel des périodiques de la Review of Reviews.* pour le révéler.

62. — Dans certaines bibliothèques, le contenu de divers ouvrages est présenté et indexé, mais il est douteux que cela vaille la peine de faire les deux dans la majorité des cas. Les entrées suivantes montrent un livre bien connu entièrement traité de cette manière en ce qui concerne uniquement les entrées du principal et de l'auteur : -

Essais et critiques, pp. iv., 434. la. 8o. 1860

Contient :— L'éducation du monde, par Temple. Les recherches bibliques de Bunsen, par Williams. Sur l'étude des preuves du christianisme, par Powell. Séances historiques de Genève : L'église nationale, par Wilson. Sur la cosmogonie mosaïque, par Goodwin. Tendances de la pensée religieuse en Angleterre, 1688-1750, par Pattison. Sur l'interprétation des Écritures, par Jowett.

TEMPLE , Frédéric, *archbp.*

L'éducation du monde. (Essais et critiques). 1860

WILLIAMS , Rowland.

Les recherches bibliques de Bunsen. (Essais et critiques). 1860

POWELL , Bade.

Sur l'étude des preuves du christianisme. (Essais et critiques). 1860

WILSON , Henry B.

Séances historiques de Genève : L'église nationale. (Essais et critiques). 1860

GOODWIN , CW

Sur la cosmogonie mosaïque. (Essais et critiques). 1860

PATTISON , Marc.

Tendances de la pensée religieuse en Angleterre, 1688-1750. (Essais et critiques). 1860

JOWETT , Benjamin.

Sur l'interprétation des Écritures. (Essais et critiques). 1860

Comme ces éléments nécessiteraient en outre chacun au moins une entrée thématique, on verra que cet ouvrage doit comporter quinze entrées distinctes pour être efficacement catalogué.

63. — Le contenu des œuvres rassemblées en plus d'un volume doit être exposé de manière que le catalogue puisse indiquer dans quel volume se trouve une œuvre particulière, de cette façon : —

HAWTHORNE , Nathaniel.

Œuvres complètes; avec des notes introductives de Geo. P. Lathrop. (*éd. Riverside*) Illus. 12 v.1883

v. 1. Contes racontés deux fois.

v. 2. Mousses d'un vieux manoir.

v. 3. La maison aux sept pignons. L'image de la neige et d'autres histoires racontées deux fois.

et ainsi de suite dans le reste des volumes. Dans la mesure du possible, le contenu tabulé de ces travaux doit être résumé lorsqu'il est jugé suffisant à toutes fins raisonnables, comme

GRAY , Thomas.

Travaux; éd. par Edmond Gosse. 4 v.1884

v. 1. Poèmes, journaux et essais.

v.2-3. Des lettres.

v. 4. Notes sur Aristophane et Platon.

Il est inutile de donner une liste des essais contenus dans le premier volume, car tous les essais divers de Gray se trouvent dans ce volume.

64. — Il existe des livres, ou plutôt des éditions de livres, de nature composite, dans lesquelles un éditeur a réuni en un seul volume les ouvrages de différents auteurs. Des exemples en sont

Les œuvres poétiques de Henry Kirke White et James Grahame ; avec mémoires, etc., par George Gilfillan. *Édine.* , 1856

Les œuvres dramatiques de Wycherley, Congreve, Vanbrugh et Farquhar ; avec des notices biographiques et critiques de Leigh Hunt. 1875

Pour être plus précis, le catalogueur peut donner la notice principale sous l'éditeur, comme déjà indiqué, mais cela n'élimine en aucun cas la nécessité d'une notice séparée sous le nom de chaque auteur. Il n'est pas nécessaire d'inclure les noms des autres auteurs dans les entrées, et le même principe s'appliquerait comme illustré dans les *essais et critiques* ci-dessus. Il convient cependant d'ajouter le nom de l'éditeur à chaque entrée d'auteur, car il indique l'édition particulière. Les entrées dans leur intégralité apparaîtraient comme

GILFILLAN , George (*éd.*)

Les œuvres poétiques de Henry Kirke White et James Grahame ; avec mémoires, etc. 8o. *Édine.* , 1856

BLANC , Henry Kirke. Œuvres poétiques ; éd. par George Gilfillan. 1856

GRAHAME , James. Œuvres poétiques ; éd. par George Gilfillan. 1856

Le deuxième livre serait traité de la même manière, mais avec les noms chrétiens fournis aux sous-entrées ou aux entrées d'auteur, comme

HUNT , Leigh (*éd.*)

Les œuvres dramatiques de Wycherley, Congreve, Vanbrugh et Farquhar ; avec biog. et avis critiques. la. 8o. 1875

WYCHERLEY , Wm.

Œuvres dramatiques ; avec biog., etc. avis de Leigh Hunt. 1875 et des entrées similaires sous Wm. Congreve, Sir John Vanbrugh et George Farquhar. Les entrées peuvent être un peu plus concises, car

Congreve, Wm. Œuvres dramatiques ; éd. par Hunt. 1875

On remarquera qu'aucun des livres ci-dessus n'admettrait correctement une entrée principale sous le premier auteur nommé, car cela rassemblerait les noms des auteurs de manière à laisser supposer qu'ils étaient des co-auteurs, comme

White, Henry Kirke et James Grahame. Œuvres poétiques.

Wycherley, Wm., Wm. Congreve et autres. Œuvres dramatiques.

Il est vrai que toute personne ayant le moins de connaissances en littérature anglaise saurait mieux que ces auteurs ont collaboré, mais le catalogueur doit se mettre à la place de l'homme qui n'y connaît rien. Dans un tel cas, des références croisées d'un nom d'auteur à l'autre seraient absurdes.

65. — Les anthologies ou autres compilations doivent être inscrites sous les noms des éditeurs ou compilateurs, avec l'abréviation *Ed.* (Editeur) ou *Comp.* (Compilateur) après le nom, comme

Palgrave, Francis T. (*Ed.*) Trésor doré de chansons et de paroles. 1887

L'artiste d'une collection de dessins ou d'autres illustrations doit être considéré comme l'auteur, et l'auteur de tout texte descriptif les accompagnant est placé en position subordonnée, comme

BURGESS , Walter W.

Des morceaux du vieux Chelsea : une série de quarante et une gravures ; avec des descriptions typographiques de Lionel Johnson et Richard Le Gallienne. pour . 1894

Il serait aussi bien de donner des références croisées des auteurs du texte, ainsi que

Johnson, Lionel. *Voir aussi* Burgess, WW.

Le Gallienne, Richard. *Voir aussi* Burgess, WW.

66. — Il faut noter la différence de références entre « *Voir* » et « *Voir aussi* ». S'il y a déjà des entrées de quelque nature que ce soit dans le catalogue sous les noms des personnes auxquelles il est fait référence, alors la référence est « *Voir aussi* » et non « *Voir* ». La meilleure forme pour rédiger une référence croisée est

Johnson, Lionel.

— *Voir aussi* Burgess, WW,

et, s'il devait arriver qu'au moment où la « copie » du catalogue est prête à être imprimée, il n'y avait aucune autre entrée sous le nom de cet auteur, elle serait modifiée en

Johnson, Lionel. *Voir* Burgess, WW

67. — Il arrive parfois que l'œuvre de l'artiste et celle de l'auteur du texte soient d'une importance suffisante pour justifier des inscriptions séparées, mais une seule des entrées devrait être l'entrée principale donnant les détails les plus complets. Un livre de ce genre est l'édition de Ruskin de Turner's *Harbours of England* . Comme cette édition particulière est publiée comme l'une des œuvres de Ruskin et que Turner est plus le sujet que l'auteur, alors l'entrée principale est

RUSKIN , John.

Les ports d'Angleterre ; avec... illustrations de JMW Turner ; éd. par Thos. J. Wise. pp. 8o. *Orpington* , 1895

et l'entrée subordonnée est

TURNER , JMW

Les ports d'Angleterre ; [texte] par John Ruskin. 1895

68. — Lorsqu'un mot ne figurant pas sur la page de titre est ajouté à une entrée par le catalogueur, il est d'usage de l'indiquer en le mettant entre crochets [ ] comme le mot « texte » dans l'exemple ci-dessus. D'un autre côté, si des mots ont été omis de la transcription de la page de titre parce qu'ils étaient inutiles, l'omission est indiquée par trois points... comme le montre l'entrée Ruskin où le mot « treize » a été omis. Dans les petites bibliothèques, on constatera qu'il n'est pas nécessaire d'indiquer ainsi les ajouts ou les omissions, mais là où une parfaite exactitude est importante, c'est la forme à retenir.

Cette entrée de Ruskin montre également que s'il est déjà indiqué dans le titre que le livre est illustré, il n'y a aucune raison de répéter « illus ». dans la collation. Il existe de nombreux livres dont la valeur réside davantage dans les illustrations que dans le texte, comme ceux illustrés par Blake, Bewick , Cruikshank, « Phiz » et d'autres. Il suffit souvent dans de tels cas de donner une référence croisée de l'artiste à l'auteur illustré, comme

CRUIKSHANK , George, Œuvres illustrées par. *Voir* Ainsworth, WH; Maxwell, WH étant bien entendu entendu qu'il est indiqué dans la notice d'auteur que l'édition particulière est illustrée par l'artiste dont le nom est donné, comme

MAXWELL, WH

Histoire de la rébellion irlandaise, 1798 ; illus. par Géo. Cruikshank.

sinon la référence ne servirait à rien.

La mesure dans laquelle ces références sont données dépend entièrement des éditions, car les réimpressions modernes bon marché de livres comme les romans d'Ainsworth n'exigent pas de remarquer les illustrations, et il n'y a pas beaucoup d'illustrateurs de livres, surtout à notre époque de « processus ». reproduction, dont l'œuvre requiert l'attention particulière du catalogueur.

En faisant des références comme celles-ci, ou de toute autre nature, il faut prendre soin de donner tous les noms nécessaires, et non pas, comme on le fait parfois, mais deux ou trois, puis de terminer par un « &c » complet. ce qui ne sert à rien, dans la mesure où cela sert seulement à montrer qu'il existe dans la bibliothèque d'autres livres illustrés par cet artiste particulier, mais quels sont ces livres, le catalogueur a négligé de l'indiquer et le chercheur se retrouve ainsi dans un doute vexatoire.

CHAPITRE VII. L'
ENTRÉE PRINCIPALE.— CORPORATIVE ET AUTRES FORMES.—ÉDITEURS ET TRADUCTEURS.

69. — Dans le catalogage des transactions, mémoires, actes et autres publications des sociétés savantes, les sociétés, en leur qualité de personne morale, sont considérées comme les auteurs et traitées ainsi, l'entrée principale étant placée sous le premier mot de leurs noms et non sous un article. à condition qu'il s'agisse de sociétés à caractère national ou général, comme

Société royale de Londres.

Association des bibliothèques.

Société Linnéenne.

Société royale de géographie.

Société des Antiquaires.

Les sociétés à caractère strictement local doivent être inscrites sous le nom du lieu de réunion ou de publication, comme par exemple les publications de la Société littéraire et philosophique de Newcastle-on-Tyne ne sont pas inscrites sous « Littéraire », mais

Société littéraire et philosophique de Newcastle-on-Tyne,

une telle entrée étant bien entendu tenue à l'écart de la rubrique Newcastle-on-Tyne.

Il existe des sociétés d'antiquaires et d'autres sociétés dont l'activité couvre une zone beaucoup plus vaste que la localité particulière dans laquelle elles tiennent leurs réunions ou où se trouvent leurs bureaux, et elles ne pourraient pas être dûment inscrites sous le nom de ce lieu. Par exemple, les publications de la Société historique du Lancashire et du Cheshire émanent de Liverpool, mais le lieu de réunion ou de publication pourrait être changé à Manchester ou à Chester sans affecter en aucune façon la nature ou la portée du travail de la Société. Par conséquent, dans un tel cas, l'entrée ne devrait pas être sous Liverpool ou même « Historique », mais

Lancashire et Cheshire, Société historique de.

Les sociétés d'édition traitant d'un domaine limité sont presque similaires, comme les sociétés Chetham et Surtees, mais le nom particulièrement distinctif règle la question, et les entrées seraient donc sous ces noms. Les sociétés de cette classe, cependant, sont simplement des éditeurs de collections de livres et donc, en plus des entrées sous les noms des sociétés, chaque livre doit avoir une entrée d'auteur distincte. Les entrées seraient de cette manière : -

Société des archives de la Marine, Publications de la. v.1-9. la. 8o. 1894-7

v. 9 Le journal de Sir George Rooke, amiral de la flotte, 1700-2 ; éd. par Oscar Browning.

(Les huit premiers volumes seraient disposés de la même manière à leur place que le sont les contenus des ouvrages rassemblés).

ROOKE , Sir George, *amiral de la flotte* .

Journal, 1700-2 ; éd. par Oscar Browning. (*Navy Records Soc.* , v. 9.) 1897

Il serait dans la portée de la plupart des catalogues d'inscrire séparément sous les auteurs et sous les sujets toutes les monographies d'une importance exceptionnelle publiées avec ou en complément des transactions des sociétés scientifiques ou autres, mais d'aller plus loin et de cataloguer de cette manière chaque contribution distincte à de telles transactions ouvrent un champ de travail si vaste qu'il n'est pas nécessaire de le tenter. Les bibliothèques spéciales utilisées uniquement par des classes spéciales de la communauté devront décider jusqu'où elles pourront aller dans cette direction en fonction de leurs divers besoins et des moyens dont elles disposent. Quelque chose dans ce sens, consistant à rendre disponible le contenu des transactions, des actes et autres, a été accompli dans le *catalogue des articles scientifiques de la Royal Society* , mais il reste infiniment plus à faire et la majorité des bibliothèques choisiront d'attendre la publication promise. grand *catalogue international de littérature scientifique* plutôt que de tenter d'indexer le contenu des transactions qu'ils possèdent dans leurs bibliothèques, bien que ce grand catalogue n'ait jusqu'à présent pas dépassé le stade de compilation d'une conférence et d'un dîner.

Les publications des sociétés étrangères sont généralement inscrites sous le nom des pays s'ils sont d'importance nationale, ou des lieux où elles se réunissent s'ils ont une importance locale, à moins qu'ils n'aient un titre spécialement distinctif. Les publications gouvernementales sont inscrites sous les noms des pays ou des lieux, selon le cas.

France. Chambre des Députés .

Paris. Préfecture de la Seine.

Bureau de l'éducation des États-Unis.

Les publications du gouvernement national ne peuvent pas être regroupées sous un seul titre ou titre de cette manière, et doivent être distribuées sous les noms des différents départements comme Board of Trade, Local

Government Board, Historical Manuscripts Commission, Charity Commission, etc.

Les rapports des conciles ecclésiastiques et les publications officielles des confessions religieuses méritent parfois réflexion. Les conciles ecclésiastiques importants comme le Concile de Trente ou l'Assemblée des Divins de Westminster sont inscrits sous les noms des lieux de réunion, mais dans le cas d'assemblées confessionnelles où le lieu de réunion n'est qu'un simple incident, l'inscription doit se faire sous le nom de la confession, et non le lieu de réunion. Des exemples de telles publications sont

Rapport officiel du Congrès de l'Église, Cardiff, 1889.

Rapport des délibérations de l'Alliance presbytérienne tenue à Philadelphie, 1880.

Procès-verbal de la réunion annuelle des Amis tenue à Londres, 1896.

et le formulaire d'entrée est

Église d'Angleterre. Rapport officiel du Congrès de l'Église, Cardiff, 1889.

Alliance presbytérienne. Rapport des débats, Philadelphie, 1880.

Amis, Société de. Procès-verbal de l'assemblée annuelle, Londres, 1896.

De la même manière, les rapports ou publications de sociétés particulières se réunissant en congrès annuel ou occasionnel comme les francs-maçons, les bons templiers, les syndicats ou les associations professionnelles sont inscrits sous les noms des sociétés quels que soient les lieux de réunions.

70. — Il existe encore une forme de notice principale à prendre en compte, c'est-à-dire lorsqu'il n'y a pas d'auteur, d'éditeur ou de compilateur dont le nom puisse être utilisé et qu'une notice de titre devient une notice principale. La forme la plus courante est celle des journaux, magazines et périodiques. Ceux-ci sont invariablement inscrits sous le premier mot du titre et non sous celui de l'article, et jamais sous le nom de l'éditeur. Les premier et dernier volumes de la série contenue dans la bibliothèque avec les dates les plus anciennes et les plus récentes (c'est-à- *dire les* années) sont indiqués, comme

des Chambres , v.1-20. la. 8o. 1854-64

Magazine Strand. Illus. v.1-14. la. 8o. 1891-7

Fois, Le. 47 v.la. pour . 1881-91

Si la série est incomplète, les volumes manquants doivent être indiqués par l'entrée, comme de Chambers . Nouvelle série, v. 9-15, 17, 19-20. la. 8o. 1848-54

cela montre que les volumes 1 à 8, 16 et 18 ne sont pas dans la bibliothèque.

71. — Une autre forme de titre principal est celle des livres sacrés, en particulier de la Bible dans ses diverses éditions et traductions. Il est d'usage d'inscrire toutes les éditions dans toutes les langues des Écritures complètes, ou de parties de celles-ci, sous le mot « Bible », en disposant d'abord les entrées dans cet ordre :

1 Ancien et Nouveau Testament (qu'ils incluent ou non les apocryphes).

2 Ancien Testament seulement.

3 parties de l'Ancien Testament.

4 Nouveau Testament.

5 parties du Nouveau Testament.

Chacune de ces divisions est ensuite classée selon la langue, et chacune des langues encore chronologiquement selon l'édition. Lorsqu'une bibliothèque contient une bonne collection de versions et d'éditions des Écritures, il est préférable de s'en tenir à la règle de placer en premier celles qui sont dans les langues originales, mais dans la bibliothèque anglaise moyenne, il sera plus pratique de commencer par les versions anglaises, suivies de celles des textes originaux, et ensuite de celles des langues modernes autres que l'anglais. Les entrées suivraient le style suivant, mais avec les détails bibliographiques distinctifs qui pourraient être souhaitables selon l'importance et l'intérêt de la collection.

BIBLE, LA

Ancien et Nouveau Testament.

Anglais. La Bible en anglais selon la traduction du grand Byble . 1561

— La Bible parallèle. La Sainte Bible : étant la version autorisée disposée en colonnes parallèles avec la version révisée. 1885

Français. La sainte Bible. Éd. Östervald . 1890

L'Ancien Testament.

Grec. La version Septante de l'Ancien Testament ; avec une traduction anglaise, des notes, etc. sd

Cette disposition et cette subdivision ne s'appliquent qu'au texte, et encore seulement si l'édition est simplement une version ou une traduction et n'est pas accompagnée d'un commentaire. Les commentaires sont traités comme n'importe quelle autre œuvre originale et inscrits sous le nom de l'auteur, à moins qu'ils ne présentent un caractère collectif, comme *The Cambridge Bible for schools and colleges* ; éd. par Perowne , lorsque l'entrée principale serait sous « Bible » (sous-division *sujet* « Commentaires »), de préférence sous « Cambridge Bible », le contenu de chaque volume de la série étant présenté, non pas par ordre alphabétique, mais dans l'ordre de les livres de la Bible, comme

BIBLE, LA :

Commentaires.

Bible de Cambridge pour les écoles et collèges ; éd. par Perowne .

L'Ancien Testament.

Joshua, par GF Maclear. 1887

Juges, par JJ Lias . 1886

Esdras et Néhémie, par SE Ryle. 1893

Un renvoi serait nécessaire à partir de

Bible de Cambridge pour les écoles, etc. *Voir* la Bible (Commentaires)

et, si cela était jugé souhaitable, des références pourraient être données à partir des noms des éditeurs sous cette forme

Maclear, GF *Voir* la Bible (Cambridge Bible).

72. — Parfois, les commentaires d'une série sont d'une importance suffisante, ou d'un caractère tel, que chacun est virtuellement un livre tout à fait différent de sa place en tant que partie de la série. Les volumes de l' *Expositor's Bible* , édités par W. Robertson Nicoll, sont de cette classe, et, bien qu'ils devraient en premier lieu être traités comme indiqué dans la *Bible de Cambridge* ci-dessus, une simple référence sous les noms de l'auteur suffit à peine : ils ne sont pas simplement des éditeurs comme dans la série *Cambridge Bible* – par conséquent, outre cette entrée principale sous Bible, des entrées sont requises, car

Farrar, FW, *doyen* . Le premier Livre des Rois. (*Bible de l'exposant*). 1893

— Le deuxième Livre des Rois. (*Bible de l'exposant*). 1894

— Le Livre de Daniel. (*Bible de l'exposant*). 1895

ou dans un style plus concis

Farrar, FW, *doyen* . Bible de l'exposant :

I. et II. Rois. 2 v.1893-4

Daniel. 1895

Bien que relevant plus correctement des remarques sur les vedettes-matières, on peut noter ici en passant que les commentaires d'une série sont considérés comme un seul livre et ne sont pas inscrits séparément sous le nom de chaque livre de la Bible dans tout le catalogue, donc les éléments ci-dessus n'aurait pas d'entrées sous « Rois » ou « Daniel ». Toutefois, si Dean Farrar avait écrit un ouvrage distinct traitant du Livre de Daniel, il devrait être inscrit sous « Daniel » et non sous « Bible ». Ainsi, les commentaires, ou tout autre ouvrage sur la Bible entière, comme la série entière de l'Expositor's Bible, vont sous « Bible », mais si les commentaires traitent de l'Ancien ou du Nouveau Testament, ou d'un livre particulier de la Bible séparément, ces ouvrages sont placés sous les titres « Ancien Testament », « Nouveau Testament », ou sous le nom du livre particulier traité, selon le cas, et non sous le titre « Bible », comme dans le cas du texte seul. , ou n'importe quelle partie de celui-ci. Il y a des exceptions même à cette règle en ce qui concerne les traductions, si elles sont spéciales, et plus particulièrement si elles sont accompagnées d'un exposé, comme dans un cas comme

JOWETT , Benjamin. Les épîtres de saint Paul aux Thessaloniciens, aux Galates et aux Romains. 3e éd., éd. et condensé par Lewis Campbell. 2 v.1894

v. 1, Traduction et commentaire.

v. 2, Essais et dissertations.

Cet ouvrage ne serait pas placé sous « Bible » comme sujet, mais serait inscrit soit sous « Paul, St. » (où tous les livres sur ses épîtres, ne faisant pas partie d'un commentaire général ou incluant d'autres parties de la Bible, pourraient très bien être regroupés), ou sous les noms des églises auxquelles les épîtres étaient adressées, comme

Thessaloniciens, Épîtres de saint Paul aux.

Dans les deux cas, une référence croisée serait nécessaire sous le titre « Bible », sous-division « Commentaires », ainsi :

Bible.

Commentaires.

Voir aussi Paul, St.

ou

Voir aussi Thessaloniciens.

73. — La mesure dans laquelle les éditeurs et les traducteurs doivent être remarqués dans le catalogage est une question très importante, mais elle dépend aussi dans une large mesure des exigences du cas. Il devrait être considéré comme acquis dans les grandes bibliothèques de référence destinées principalement à l'usage des chercheurs que chaque nom apparaissant sur une page de titre, qu'il soit celui d'auteur, d'éditeur, de traducteur, de compilateur ou d'adaptateur, serait remarqué et recevrait une entrée, soit dans son intégralité. ou par référence croisée. Mais pour une bibliothèque moyenne, et en particulier pour les bibliothèques de prêt, ce serait un gaspillage d'énergie et d'espace que d'adopter ce système et de le mettre pleinement en œuvre. Ainsi, une œuvre comme

Sélections faciles adaptées de Xénophon ; avec un vocabulaire, des notes et une carte, par J. Surtees Phillpotts et CS Jerram.

aurait dans le premier cas des références de Phillpotts et Jerram à Xénophon, sous lesquelles l'entrée principale devrait apparaître. Mais dans la plupart des cas, une seule entrée suffira, comme

XÉNOPHON. Sélections faciles ; adapté, etc. par Phillpotts et Jerram.

D'un autre côté, il existe des traductions ou des éditions célèbres qui doivent dans tous les cas porter une mention sous le nom du traducteur ou de l'éditeur, comme

Chapman, Georges. L'Iliade et l'Odyssée d'Homère.

Jowett, Benjamin. La République de Platon.

Ce sont des cas où deux entrées principales pourraient être données avec avantage, premièrement sous « Homère » et « Platon », et deuxièmement sous « Chapman » et « Jowett », comme ci-dessus.

Presque dans la même catégorie se trouvent les livres qui ont été révisés et augmentés par un éditeur au point de ne laisser que peu de chose de l'œuvre originale de l'auteur. Parfois, la révision et les ajouts ne sont pas si étendus, mais restent néanmoins suffisamment importants pour nécessiter une entrée distincte sous le nom du réviseur. Des exemples en sont

PRESCOTT, Wm. H. Histoire du règne de l'empereur Charles Quint, par Wm. Robertson, prolongé par WHP

TILDEN, Wm. Manuel de chimie d'A. Watts. v.2, Chimie organique. 2e éd. 1886

ces entrées s'ajoutant à celles sous « Robertson » et « Watts ».

74. — Il arrive parfois qu'un essai préliminaire ou une introduction biographique ou critique à un livre ait une telle valeur qu'il mérite une entrée séparée, comme

COURTHORPE , Wm. J. Vie d'Alexandre Pope. (Œuvres du Pape, v. 5.) 1889

Le catalogueur attentif négligera rarement ces points importants, bien qu'il arrive trop souvent que des ensembles de livres soient regroupés dans un catalogue sans la moindre attention aux détails de ce type, le laissant incomplet et rendant ainsi la bibliothèque moins utile.

CHAPITRE VIII.
ENTRÉES DE SUJET, TITRE ET SÉRIE.

75. — La forme de l'entrée-auteur, ou son équivalent, ayant été fixée, l'entrée-sujet retient désormais l'attention. L'importance de la mention de l'auteur est reconnue , mais les bibliothécaires savent bien que, la fiction étant hors de question, la plupart des recherches sont faites dans les bibliothèques pour des livres sur un sujet particulier ou pour une catégorie particulière de littérature, plutôt que pour des livres sur un sujet particulier ou pour une catégorie particulière de littérature. les œuvres d'un écrivain particulier, les personnes qui connaissent de nombreux auteurs n'étant pas aussi nombreuses qu'on pourrait le supposer. Il est donc essentiel, dans tout travail de catalogage, que la plus grande attention soit portée aux sujets. Chaque volume traité doit être examiné minutieusement dans le but de déterminer d'une manière générale la nature de son contenu et définitivement le ou les sujets dont il traite. Cette démarche doit être suivie dans tous les cas, même si le sujet est si clairement défini sur la page de titre qu'aller au-delà de la déclaration qui y est faite semblerait être une pure perte de temps, sinon les « pièges » qui se trouvent dans le travail du catalogueur manière ne peut être évitée. En outre, il peut y avoir un élément particulièrement précieux du livre caché dans une annexe, ou même dans un livre séparé relié sous la même couverture, que la première page de titre ne révélera pas.

76. — Lorsque le sujet du livre a été clairement constaté, une entrée tirée du livre lui-même ou de l'entrée principale déjà écrite, est faite sous le nom du *sujet direct et défini* du livre, non sous la classe de la littérature. auquel il appartient ou même la forme sous laquelle il est rédigé. Il est de la première importance que le catalogueur décide définitivement du nom de sujet particulier qu'il adoptera afin d'éviter l'imperfection quelque peu courante dans les catalogues de vedettes synonymes. Cela étant décidé, on évitera de futures erreurs si une référence croisée est immédiatement écrite et triée avec le premier lot de fiches classées par ordre alphabétique, ce qui servira immédiatement de pointeur dans la bonne direction en empêchant que des livres sur un seul sujet ne soient placés sous deux rubriques. Ainsi , si le livre en main est

NOUVEAU , Samuel. Un premier livre de philosophie naturelle. pp. VIII., 136, illus. sm. 8o. 1867

et que le catalogueur s'est prononcé en faveur de la rubrique « Physique », il rédigera aussitôt une référence croisée

Philosophie naturelle. *Voir* Physique.

qui, une fois placé dans son ordre alphabétique, indiquera si des feuillets ont été écrits par inadvertance sous « Philosophie naturelle », que le titre choisi est « Physique » et que les entrées doivent être modifiées et organisées en conséquence. L'entrée-sujet dans ce cas serait

La physique:

Newth , S. Premier livre de philosophie naturelle. 1867

On notera ici que sous le titre-sujet, le nom de famille de l'auteur commence car il renvoie à l'entrée principale où se trouvent les détails les plus complets concernant le livre, et par conséquent il est très inhabituel de donner le classement, la taille et d'autres détails. informations dans toutes les sous-entrées. Il convient toutefois d'indiquer la date de publication dans chaque entrée, sauf s'il s'agit d'œuvres de fiction dans les circonstances visées au paragraphe 24.

77. — Les formes des entrées thématiques dans les catalogues de dictionnaires peuvent être bien mieux illustrées au moyen d'exemples avec des explications que par une déclaration seule, et c'est pour cette raison qu'un certain nombre de livres ordinaires, non sélectionnés en raison des difficultés qu'ils présentent, sont donnés. Ceux-ci ont été entièrement élaborés dans le système de dictionnaire et sont accompagnés dans chaque cas de l'entrée principale, de sorte que la série complète des entrées puisse être vue. Les styles de caractères en impression couramment utilisés pour marquer les distinctions sont également présentés.

ABNEY , W. de W.

des couleurs et mélange. (*Romance de la science ser.*) pp. 207, illus. sm. 8o. 1891

Couleur .

Abney, W. de W. Mesure des couleurs et mélange. 1891

Série Romance de la Science :

Abney, W. de W. Mesure des couleurs et mélange. 1891

Science.

Voir également la série Romance of Science.

C'est une excellente règle à suivre qu'un sujet doit avoir au moins deux livres sur lui avant d'avoir droit à un « titre », comme celui de la deuxième des entrées ci-dessus. Dans le cas où la bibliothèque ne possède que ce seul livre sur le sujet au moment où la « copie » doit être envoyée à l'imprimeur, elle serait alors réduite à la forme du titre, comme

des couleurs et mélange. Abney, W. de W. 1891

78. — La troisième entrée est sous le nom de la série. Lorsque l'espace est une considération et que seules de brèves entrées peuvent être données, le catalogueur peut soit omettre le nom de la série de l'entrée principale et conserver les entrées sous le titre de la série, soit inverser le processus et omettre ce troisième entrée, comme il le jugera le plus opportun, mais si possible les deux devraient être conservées, car elles fournissent des informations utiles - dans la première entrée montrant que le livre fait partie d'une série particulière, et donnant ainsi une idée de son caractère et de sa portée, en effet, il ne serait pas superflu, pour la même raison, de l'inclure dans la deuxième entrée, et le troisième formulaire d'entrée fournit une liste des livres de cette série particulière dans la bibliothèque.

79. — BAILLON , Henry E. L'histoire naturelle des plantes ; trad. par Marcus M. Hartog. Illus. 8v. la. 8o. 1871-88

Cet ouvrage ne doit ni être placé sous « Histoire naturelle » ni sous « Plantes », comme certains pourraient le supposer, puisque son sujet est « Botanique », et les entrées suivantes seraient donc

Botanique:

Baillon , HE L'histoire naturelle des plantes. 8v. 1871-88.

Plantes. *Voir* Botanique.

HARTOG , Marcus M. (*Trad.*) *Voir* Baillon , S.E.

Outre la réduction des informations données dans l'entrée principale déjà présentée, les prénoms des auteurs sont réduits à de simples initiales et les noms des traducteurs et des éditeurs sont omis dans toutes les sous-entrées. Il est important de remarquer la différence entre « *Voir* » et « *Voir aussi* » dans les références croisées ; le premier empêcherait que toute entrée soit placée sous le sujet où il est donné, comme déjà indiqué, mais le second est destiné à guider vers des divisions moindres ou étroitement liées du sujet sous lequel il apparaît. Il peut y *en* avoir un certain nombre *sous* une seule rubrique au moment où le catalogue est prêt à être imprimé, lorsqu'ils doivent être regroupés en une seule entrée, comme dans l'illustration suivante, où neuf sont ainsi fusionnés.

Botanique.

Voir également Algues . Cryptogamie . Fougères. Fleurs. Champignons. Graminées. Lichens. Mousses. Des arbres.

Bien entendu, les références, quelles qu'elles soient, ne doivent jamais être faites par anticipation, mais au moment du catalogage de l'ouvrage auquel elles renvoient ; sinon, il en résultera une série de références qui ne mèneront nulle part, comme ce serait le cas dans l'exemple ci-dessus si la bibliothèque ne disposait pas de livres sur les algues ou sur les autres sujets mentionnés.

80. — TAYLOR , Wm. (*de Norwich*). Enquête historique sur la poésie allemande. 8 v. 8o. 1828-30

Les entrées thématiques d'un livre comme celui-ci nécessitent un examen attentif. Une entrée de titre sous « Historique » n'est pas nécessaire, car le sujet est clairement défini dans le titre complet. Mais il faut choisir les rubriques sous lesquelles les inscriptions doivent être données. L'esprit oscillera entre certains d'entre eux :

Poésie allemande.

Poésie, allemande.

Littérature allemande.

Littérature, allemande.

Allemagne. (Sous-division Littérature)

et c'est à une bonne décision que dépend l'utilité et l'exactitude du catalogue, car il est possible que d'autres entrées en soient affectées plus tard. Une analyse exacte montre que le livre porte spécifiquement sur le premier sujet nommé, mais qu'il fait si clairement partie du troisième sujet qu'il a le droit d'y entrer sous une forme ou une autre, soit par voie d'entrée, soit par référence croisée. Il est vrai que, s'il est traité logiquement, le livre n'a pas le droit absolu d'être inclus sous la rubrique « Littérature allemande », dans la mesure où il ne traite que de littérature poétique, mais on peut tenir pour acquis qu'un livre intitulé « Littérature historique » étude de la prose allemande » serait placée sous une telle rubrique sans trop de questions ; et par conséquent, comme la concentration et la commodité comptent pour quelque chose, et sont souvent plus importantes que l'exactitude littérale, les entrées pourraient très bien être

Littérature allemande.

Taylor, W. Enquête historique sur la poésie allemande. 8 v.1828-30.

Poésie allemande. *Voir* Littérature allemande.

Cataloguées dans le strict respect des règles, les entrées seraient

Poésie allemande, étude historique de. Taylor, W. 3 v.1828-30

avec une référence possible :

Littérature allemande.

Voir aussi la poésie allemande.

Les deuxième et quatrième rubriques ne seraient pas choisies, car le livre ne porte ni sur la « Poésie » ni sur la « Littérature » en général ou de manière abstraite, et il est bien préférable de réserver ces rubriques à des livres de cette nature ou d'un genre divers. genre, mettant des livres sur la littérature de pays particuliers sous leur nom distinctif. Un chercheur souhaitant un livre sur la littérature allemande est plus susceptible de se tourner vers « allemand » que vers « littérature ». Un renvoi général mettra la question hors de toute possibilité d'erreur, car

Littérature.

Voir aussi les noms des littératures nationales, comme l'anglais, le français, l'allemand, le grec, le latin.

81. — La cinquième rubrique n'est qu'une autre forme de la troisième rubrique, mais elle est donnée parmi les autres parce que dans les plus grands catalogues des bibliothèques de référence, l'ensemble des livres sur un pays particulier est souvent regroupé sous le nom du pays. ceux-ci étant à nouveau subdivisés pour faciliter la référence en fonction du nombre d'entrées sous le titre, en divisions comme celles-ci :

Antiquités, architecture et art.

Description et vie sociale.

Éducation.

Histoire et politique.

Religion.

Divers.

82. —Le prochain livre à être signalé est

BOOTH , Wm. (*« Général » de l'Armée du Salut*). Dans l'Angleterre la plus sombre, et la sortie. pp. 285, xxxi, frontis . la. 8o. [1890]

Il est permis de douter de la nécessité d'un titre, mais comme le titre du livre est énigmatique, il est plus sûr de le donner. La règle pour toutes les entrées de titre est de les donner sous le premier mot et non pas dans un article, et ce serait donc

Dans la plus sombre Angleterre. Booth, W. [1890]

mais il est probable que neuf hommes sur dix se souviendront du livre sous le nom de « Darkest England » et le chercheront sous « Darkest England », et il pourrait donc être plus utile si l'entrée était

L'Angleterre la plus sombre, In. Booth, W. [1890]

83. — Le sujet du livre exige qu'il soit inscrit sous quelque titre que ce soit qui puisse être adopté pour la question sociale, par exemple

Pauvre et pauvre secours.

Booth, W. Dans la plus sombre Angleterre. [1890]

Aucune entrée n'est nécessaire sous « Angleterre », à moins que tout ce qui concerne directement ou indirectement le pays d'origine ne soit regroupé sous cette rubrique ou « Grande-Bretagne ». S'il en est ainsi, et si l'on veut l'exécuter fidèlement et littéralement, il deviendra si vaste qu'il nécessitera des subdivisions très élaborées, et même alors, dans le catalogue d'une bibliothèque britannique du moins , son étendue le rendra remarquable. peu de valeur pratique. Dans les grands catalogues, page après page ne serait pas très utile, et par conséquent la meilleure solution à adopter est de faire l'entrée sous le sujet exact, comme indiqué, en ignorant « Angleterre » si le livre traite du pays en général et non d'un pays en particulier. coin de celui-ci. Selon ce plan, un livre sur les « Pauvres d'Essex » serait inscrit à la fois sous « Essex » et « Pauvres », mais des livres comme

Ruskin. L'art de l'Angleterre.

Stéphane. Vue générale du droit pénal de l'Angleterre.

Hobkirk . Mousses britanniques.

Fairholt . Costume en Angleterre.

Oliphant. Histoire littéraire de l'Angleterre.

Vert. Brève histoire du peuple anglais,

sont suffisamment traités si , outre l'entrée de l'auteur, ils apparaissent respectivement sous « Art », « Droit », « Mousses », « Costume », « Littérature anglaise » et « Histoire anglaise », laissant les titres « Angleterre » » et « Grande-Bretagne » pour les livres *décrivant* le pays en général et non un aspect particulier de celui-ci. Comme nous l'avons déjà montré, les livres traitant même des particularités d' *autres pays* doivent être inscrits sous le nom du pays. Dans la plupart des cas, il est également souhaitable, voire nécessaire, d'entrer également sous le sujet. Ainsi les doubles entrées-matières des livres, comme

Griffis . Les religions du Japon.

Perkins. Manuel historique de la sculpture italienne.

Gris. Oiseaux de l'ouest de l'Écosse.

serait sous « Japon » et « Religions », « Italie » et « Sculpture », et « Écosse » et « Oiseaux ». S'il n'y a pas assez de place pour les deux rubriques, il faudra alors faire preuve de jugement pour choisir la meilleure rubrique et on constatera que pour les rubriques ci-dessus, les plus utiles sont "Japon", "Sculpture" et " Des oiseaux."

Dans les catalogues des plus grandes bibliothèques, une rubrique comme « Oiseaux » contiendrait tellement d'articles qu'elle devrait être subdivisée pour faciliter la référence, d'abord les livres sur les oiseaux en général, suivis par ceux sur les oiseaux de pays ou de localités particuliers comme celui-là. nommé ci-dessus sur les oiseaux de l'ouest de l'Écosse. Le classement sous la division générale se ferait par ordre alphabétique des auteurs, mais il a été jugé pratique de classer le « local » par le nom du lieu, également par ordre alphabétique, de cette manière.

Des oiseaux.

Pays et locaux.

Afrique, Sud, Oiseaux de. Layard, EL

Asie, oiseaux de. Gould, J.

Britanique. Nos oiseaux les plus rares. Dixon, C.

Histoire des oiseaux britanniques. Seebohm, H.

Écosse. Oiseaux de l'ouest de l'Écosse. Gray, R.

84. — L'opportunité ou non d'utiliser des termes scientifiques pour les vedettes-matières des catalogues dépend entièrement des personnes auxquelles la bibliothèque est destinée. Dans une bibliothèque utilisée par toutes les classes de la communauté, le terme le plus simple et le plus connu est le meilleur, et donc « Oiseaux » est préférable à « Ornithologie », « Poissons » à « Ichthyologie » et « Insectes » à « Entomologie ». » Dans une bibliothèque d'université ou d'institution scientifique, la méthode inverse s'avérerait peut-être la meilleure, mais il est essentiel que l'uniformité parfaite soit maintenue quelle que soit la forme choisie, car il serait quelque peu ridicule d'utiliser des termes scientifiques dans certains cas et des noms populaires dans certains cas. autres. La référence croisée s'avère très utile dans n'importe quel style de catalogue car elle supprime tout doute, ainsi

Ornithologie. *Voir* Oiseaux.

Les catalogues établis selon des lignes très précises réservent parfois le nom populaire aux livres de caractère populaire ou divers, et le nom scientifique à ceux destinés au savant, mais la ligne de démarcation entre les deux classes de livres n'est pas toujours clairement visible, et elle est très mieux vaut les rassembler sous une même rubrique, en y marquant les différences dans le caractère des livres au moyen de subdivisions.

Dans certains cas, l'utilisation du terme scientifique est inévitable car il se peut qu'il n'y ait aucun nom populaire qui corresponde à l'affaire. Par exemple, il ne serait pas correct de mettre un livre sur les algues d'eau douce sous le titre « algues marines », et un livre sur les *tunicata* ne peut être mis sous un autre nom. On peut encore souligner que dans un catalogue de dictionnaire, un livre est inscrit sous son sujet *défini* et jamais sous sa classe ou son sujet général. Ainsi un livre comme

Blanc, WF Les fourmis et leurs voies,

ne va pas sous « Insectes », ni même « Hyménoptères », mais directement sous « Fourmis », bien qu'un livre tel que

Lubbock, Sir John. Fourmis, abeilles et guêpes.

serait suffisamment inscrit dans le catalogue d'une bibliothèque scientifique s'il était placé sous « Hyménoptères », mais dans le catalogue d'une bibliothèque populaire devrait figurer sous les trois noms « Fourmis », « Abeilles » et « Guêpes », tout comme un livre comme

Meyrick, E. Lépidoptères britanniques.

est mieux placé sous « Papillons » et « Moths » avec une référence croisée

Lépidoptères. *Voir* Papillons. Papillons de nuit.

Ce serait cependant une perte de place que d'aborder un ouvrage aussi complet que

Bath, WH Fourmis, abeilles, libellules, perce-oreilles, grillons et mouches.

sous chacun d'eux car, même s'il omet les papillons, les mites et les coléoptères, il serait assez bien traité s'il était inscrit sous « Insectes ».

Comme c'est un principe bien compris qu'un livre doit être inscrit sous le sujet exact dont il traite, de même un ouvrage sur l'histoire naturelle des animaux, tout en entrant dans la notion populaire d'« histoire naturelle », et peut être appelé ainsi par son auteur, comme

Lydekker , Richard (*Ed.*) L'histoire naturelle royale. Illus. 6 v.la. 8o. 1893-6 cependant, du point de vue du catalogueur, il ne serait pas tout à fait correct de l'inscrire sous « Histoire naturelle », car ce terme est censé inclure la flore aussi bien que la faune, et par conséquent le titre devrait être « Zoologie » ou « Animaux ». Ce dernier terme est fréquemment réservé aux livres traitant uniquement des animaux, et en dehors des oiseaux, des reptiles, etc., et aux livres sur les animaux, non écrits du point de vue naturaliste. L'exactitude est à nouveau assurée par des références croisées, comme

Histoire naturelle des animaux. *Voir* Zoologie.

Animaux, Histoire naturelle des. *Voir* Zoologie.

85. — Les livres suivants sont choisis dans le but de montrer la différence de traitement entre des œuvres de caractère similaire :

Milman , Henry H., *doyen* . Annales de la cathédrale Saint-Paul. 2e éd. pp. xiv, 540, ports., illus. 8o. 1869

Loftie , WJ Kensington Palace, p. 76, illus. 8o. 1898

Hiatt, Charles. L'église cathédrale de Chester. (*Bell's Cathedral ser.*) pp. VIII, 96, illus. sm. 8o. 1897

Routledge, CF L'église Saint-Martin, Cantorbéry. pp. 101, ill. sm. 8o. 1898

Celles sur les bâtiments à caractère plus national que local situés à Londres sont inscrites sous le nom des bâtiments et non de la localité, comme

Cathédrale Saint-Paul de Londres.

Milman , HH Annales de la cathédrale Saint-Paul. 1869

à moins que la localité ne soit indiquée dans le titre comme

Palais de Kensington. Loftie , WJ 1898

Aucun de ces livres ne doit être placé sous le titre « Londres », mais une référence croisée peut être donnée :

Londres.

Voir aussi les noms de bâtiments, comme le palais de Kensington, la cathédrale Saint-Paul.

Les autres livres doivent commencer par le nom du lieu où est situé le bâtiment, mais sans être inscrits sous le titre, car ce ne sont pas des livres sur Chester ou Cantorbéry. La forme est donc

Chester, l'église cathédrale de. Hiatt, vers 1897

Cantorbéry, l'église Saint-Martin. Routledge, CF 1898

ou de manière plus courte :

Cathédrale de Chester. Hiatt, vers 1897

Cantorbéry, église Saint-Martin. Routledge, CF 1898

Selon le même principe, l'histoire d'une paroisse de Londres n'est pas inscrite sous « Londres », mais sous son nom particulier avec une référence croisée de Londres aux lieux, comme

Londres.

Voir aussi les noms des paroisses, comme Chelsea, Kensington, Southwark, Westminster.

Les monographies sur les bâtiments d'importance nationale dans les pays étrangers sont cependant toujours inscrites sous le nom de la ville où elles sont situées et non sous le nom du bâtiment. Les travaux sur Saint-Marc, Venise ou Notre-Dame de Paris étant respectivement inscrits sous Venise et Paris, comme

Venise, Saint-Marc.

Paris, Notre-Dame.

Prêter attention à des détails de ce genre n'est pas une « coupe en quatre » comme le novice peut être disposé à l'imaginer – c'est l'essence même d'un bon catalogage. Même avec la plus grande attention, le catalogueur peut se féliciter si à la fin de son travail, et surtout lorsqu'il est imprimé, il ressort sans faute, parce que le catalogue parfait, absolument exempt d'erreurs, n'a pas encore été vu.

CHAPITRE IX.
ENTRÉES DE SUJET, TITRE ET SÉRIE (*suite*).

86. — Il reste d'autres variétés d'entrées doubles ou triples à considérer. Un livre tel que

BOULANGER , WR

L'intempérance, l'idolâtrie de la Grande-Bretagne. 3e éd. pp. 62. sm. 8o. sd

n'a aucune apparence de difficulté, comme c'est si évidemment le cas pour l'intempérance, mais la question de la concentration des livres *pour* et *contre* sur un sujet comme celui-ci doit être examinée. Il n'est absolument pas souhaitable d'envoyer un chercheur dans plusieurs rubriques pour trouver tous les livres traitant de la « question de la boisson ». Les regrouper efficacement revient à développer la rubrique en une classe plutôt qu'en un sujet, mais même ainsi, elle est plus justifiée que ne l'aurait le regroupement, par exemple, de « Histoire naturelle », car il s'agit plus clairement d'un sujet unique considéré sous plusieurs points de vue, et bien que la « tempérance » ne puisse pas être « l'intempérance », pourtant réunir les deux aspects de la question ajoute plus à l'utilité du catalogue que de séparer les livres avec ces mots sur leurs pages de titre sous des titres différents. En examinant cette question, le sujet a été suivi dans un bon catalogue compilé selon des lignes strictement orthodoxes, et a été trouvé de haut en bas sous des rubriques comme Alcool, Boisson, Ibriété, Abstinence, Tempérance, Abstinence totale, Victuallers autorisés , Maisons publiques, Dimanche. En buvant. La plupart des livres classés sous ces différentes rubriques auraient pu être avantageusement regroupés sous un titre général comme « Question sur la boisson », avec des références croisées aux autres sujets pour lier l'ensemble au-delà de toute possibilité d'erreur. Il existe d'autres questions qui permettent une concentration de cette manière, comme par exemple les livres sur le libre-échange, le commerce équitable, la réciprocité et la protection qui peuvent tous être inscrits en toute sécurité sous « Libre-échange » avec les références des autres.

Certains livres, en revanche, doivent comporter plusieurs entrées, comme

Ruddock, EH Médecine et chirurgie modernes selon les principes homéopathiques . 1874

nécessite trois entrées, à savoir sous « Médecine », « Chirurgie », « Homœopathie ». La seule méthode pour éviter cela serait d'inscrire le livre sous « Homœopathie », avec des renvois aux autres rubriques, comme

Médecine. *Voir également* Homœopathie .

Dans une petite bibliothèque générale , il serait possible de regrouper sous cette rubrique, avec une référence croisée, tous les livres sur des sujets aussi étroitement liés que la médecine et la chirurgie.

Chirurgie. *Voir également* Médecine et chirurgie.

Un autre exemple de livre nécessitant plusieurs entrées est

Garner, RL Gorilles et chimpanzés.

Comme il ne s'agit pas d'un ouvrage sur les singes en général, ni même sur les singes, la procédure correcte est de l'inscrire respectivement sous « Gorilles » et « Chimpanzés », comme

Gorilles.

Garner, RL Gorilles et chimpanzés.

Dans une petite bibliothèque, il y aurait très probablement d'autres livres sur les gorilles, mais à peine un second sur les chimpanzés, donc la deuxième entrée serait

Chimpanzés, gorilles et. Garner, RL

Pour que ce livre soit pleinement connu de ceux qui s'intéressent à la tribu des singes, des références croisées sont nécessaires. En supposant qu'il y ait déjà des entrées sous « Singes » (en général) et « Singes » (en particulier), alors toutes les entrées seraient liées entre elles par

Singes.

Voir aussi Singes.

Les singes.

Voir aussi Gorilles.

Aucune référence croisée n'est nécessaire aux « Chimpanzés », car ils sont inclus dans le titre du livre sous « Gorilles ». Toutefois, dans le cas où il existerait un deuxième livre sur les chimpanzés, la référence croisée serait alors

Les singes.

Voir aussi Chimpanzés. Gorilles.

87. — Au risque de répétition, et pour que les choses soient claires, on peut répéter qu'un livre ne doit pas être inscrit sous tous les mots importants figurant sur sa page de titre. Il existe de nombreuses règles de catalogage empiriques qui permettraient à un livre comme

Ihering , Rudolph von. L'évolution de l'Aryen,

être inscrit sous « Évolution », alors que même une entrée de titre sous le mot « évolution » n'est pas nécessaire, et l'entrée unique de sujet est

Aryens, les

Ihering , R. von. L'évolution de l'Aryen.

Il peut être considéré comme un conseil inutile de dire qu'un livre si incontestablement sur les peuples aryens ne devrait pas être classé sous « Évolution », alors que le sens accepté de ce terme en tant que sujet n'a rien à voir avec cela, et pourtant il existe actuellement des catalogues dans force d'importantes bibliothèques municipales avec des formes bien pires. L'une d'elles a une rubrique « Histoire naturelle », sous laquelle se trouvent seize rubriques qui incluent des sujets aussi divers que « Méthode naturelle pour guérir les maladies », « Théologie naturelle », « Philosophie naturelle », « Nature et art », « Dessiner d'après nature, » parce que le mot « naturel » ou « nature » apparaissait dans les titres des livres. Une autre porte le titre « École, maîtres et écoles », qui comprend « l'École des femmes » de Molière et « l'École des maris ». De nombreux exemples tout aussi ridicules pourraient être cités dans les catalogues actuels pour prouver qu'il s'agit là d'une forme d'erreur courante. Par conséquent, le conseil de « s'attaquer au sujet du livre, sans se préoccuper des mots particuliers utilisés sur la page de titre », ne peut être trop souvent imposé au catalogueur.

88. — Les livres en plusieurs langues traitant d'un même sujet doivent tous être inscrits sous le nom anglais de ce sujet. Des livres comme

Kohlrausch, F. Kurze Darstellung der deutschen Geschichte . 1864

Green, SG Images de la patrie allemande. sd

Breton, J. Notes d'un étudiant français fr Allemagne . 1895

se trouvent inscrits dans un catalogue sous Deutschen , Germany et Allemagne , sans une seule référence contraignante. Un autre a des livres sur les États-Unis sous America, États -Unis et United States. Dans un catalogue il y a une référence sous la forme suivante :

États -Unis— *voir* L'Univers ,

ce qui est le plus flatteur pour nos cousins américains. A cet égard, il convient de noter que les références de ce type sont tout à fait fausses. En premier lieu, il n'y a aucune raison de faire une référence ou une entrée d'aucune sorte sous « États -Unis » dans un catalogue anglais, et en deuxième lieu, le principe de référence d'un sujet moindre à un sujet plus grand est incorrect ; la référence doit toujours être du plus grand au plus petit. Dans le même catalogue, il y a de nombreuses références allant des sujets aux auteurs, qui sont également erronées en principe, car une référence ne doit jamais être donnée sous cette forme :

Indigestion. *Voir* Douglas (Dr Jas.),

ou son inverse, également erroné :

Duncan, Dr Andrew. *Voir* Consommation,

sinon l' humour curieux des références de ce genre ne tardera pas à se manifester. Dans les deux cas, des entrées étaient requises et non des références. Les seules références à utiliser sont donc

(1) Sous réserve de sujet (lié ou synonyme uniquement).

(2) Sujet plus grand à division moindre du même sujet.

(3) D'auteur à auteur (co-auteurs).

(4) Traducteur, éditeur ou compilateur vers l'auteur.

(5) Traducteur, éditeur ou compilateur de titres ne contenant pas le nom d'un auteur ou non traité comme auteur (en tant qu'éditeur d'une série).

89. —L'illustration suivante est

GARNETT , Richard.

Vie de Ralph Waldo Emerson. (*Grands écrivains.*) pp. 300, xiv. sm. 8o. 1888

Avec une bibliographie de John P. Anderson.

Aucune entrée n'est nécessaire sous le mot « Vie » ou sous « Biographies », car il s'agit d'un titre de classe et non d'un sujet, et le livre porte le nom de son sujet direct, en faisant un titre, comme la bibliothèque. contiendra les œuvres d'Emerson ainsi que d'autres biographies de lui, ainsi que

Emerson, Ralph W.

Garnett, R. Vie de Ralph Waldo Emerson. (*Grands écrivains.*) 1888

Une entrée est obligatoire sous le nom de la série, et pour être strictement exact, le nom de l'auteur doit précéder, ainsi que

Grands écrivains ; éd. par Eric S. Robertson.

(*Remarque* :— Chaque volume contient une bibliographie sur le sujet par John P. Anderson.)

Garnett, R. Vie de Ralph Waldo Emerson. 1888

bien qu'il soit plus utile, dans le cas d'une série à caractère biographique, de commencer par le sujet plutôt que par l'auteur, comme

Grands écrivains :

Emerson, Ralph Waldo, par R. Garnett. 1888

Des références pour compléter pleinement le sujet peuvent être données comme

Robertson, Eric S. (*Ed.*) *Voir* Grands écrivains (série).

Anderson, John P. *Voir* Grands écrivains (série).

Dans le cas de séries telles que les conférences Bampton, Hulsean et Hibbert, la méthode la plus pratique est de les classer par ordre chronologique de présentation des conférences (et non de date de publication) selon ce style :

Conférences Bampton :

1876. Alexandre. Le témoignage des Psaumes au Christ et au christianisme. 1877

1880. Trappe. L'organisation des premières églises chrétiennes. 1888

1891. Goré. L'incarnation. 1891

La question se pose de temps en temps de savoir s'il vaut la peine de donner la liste des ouvrages formant une série sous le premier mot, autre qu'un article, du titre de la série plutôt que sous un autre mot principal. Il n'y a pas lieu d'établir une règle absolue en la matière, mais tout bien considéré, il sera trouvé plus sûr de traiter toutes les séries de la manière indiquée et de les inscrire uniformément sous ce premier mot comme Grands artistes, Grands écrivains, Histoire des nations, Chefs de religion, Série scientifique internationale, respectivement sous « Grand », « Histoire », « Dirigeants » et « International » plutôt que sous « Artistes », « Écrivains », « Nations », « Religion », ou « Scientifique ». Il ne faut pas oublier que l'entrée n'est donnée que parce qu'elle est une entrée en série et non comme une entrée de sujet improvisée, et c'est précisément pour cette raison qu'il serait tout aussi erroné d'inscrire toutes les séries des « Grands artistes ». » sous le titre « Artistes » pour placer les « Dirigeants religieux » sous « Religion ». La difficulté est pleinement résolue par des références croisées lorsque cela est nécessaire, comme

Science. *Voir aussi* Série scientifique internationale.

Auteurs. *Voir aussi* Grands écrivains (série).

Écossais, célèbre (série). *Voir* Écossais célèbres.

Si l'entrée de collection doit être convertie en entrée semi-sujet, cela doit se faire par simple transposition du titre de la collection et ensuite être complètement séparé de la vedette-matière.

Dans le catalogue d'une bibliothèque, à la différence de celui d'un libraire, seules les séries présentant un caractère spécial et limité reçoivent des entrées sous le nom de la série, et cette forme ne devrait pas être étendue de manière à inclure de longues listes de livres dans des séries sous noms d'éditeurs, comme la série Weale , la série Pitt Press, les manuels Macmillan pour étudiants. Lorsque des informations très complètes sont fournies, ces noms peuvent être ajoutés à la rubrique principale et ne pas être reportés plus loin.

90. — On a déjà dit que, dans de nombreuses bibliothèques, il est de la plus haute importance qu'un catalogue soit constitué d'entrées courtes et dans des limites étroites, afin de réduire à la fois la taille et le coût de production. Faire cela judicieusement n'interfère en rien avec les principes d'un catalogage bon et adéquat, il suffit de prendre soin de réduire les entrées afin de ne pas perdre leur caractère correct. La majorité des lecteurs des bibliothèques populaires se soucient peu d'informations bibliographiques précises à condition d'avoir une liste des livres par auteur ou sur le sujet qu'ils souhaitent. Le titre du livre du Dr Garnett mentionné ci-dessus peut, par exemple, être raccourci en entrées comme celles-ci : -

Garnett, Richard. Vie de Ralph W. Emerson. 1888

Emerson, Ralph W.

Garnett, R. Vie d'Emerson 1888

Grands écrivains :

Emerson, par R. Garnett. 1888

Les références de Robertson et Anderson peuvent être supprimées. Des entrées plus courtes que celles qui précèdent ne seraient pas recherchées et seraient sans valeur. Des entrées très brèves impliquent peu ou pas d'informations, comme en témoignent les entrées *complètes suivantes* du catalogue d'une grande bibliothèque :

«La complainte de l'Église».

Conspiration. Ritualiste.

Maison de travail. Syndicat. Bowen.

91. — L'illustration suivante est prise pour montrer plus en détail la méthode de sélection d'un livre pour son entrée en matière :

SAINTSBURY , George.

Une histoire de la littérature élisabéthaine. 1887

Il ne s'agit ni d'un livre sur la littérature en général, ni sur la littérature abstraite, ni sur la littérature anglaise dans son ensemble, mais seulement sur une période particulière de celle-ci. Un tel livre pourrait très bien être placé sous la « littérature élisabéthaine » avec une référence à la « littérature anglaise ». Il pourrait même porter le nom d'Elizabeth où tous les livres relatifs à son règne dans tous les détails pourraient être rassemblés, mais ce n'est pas si satisfaisant. Après tout, la place la plus utile pour un livre de ce genre se trouverait sous la « littérature anglaise », et son inclusion pourrait être mieux justifiée si les livres sous une telle rubrique étaient subdivisés, s'ils étaient en nombre suffisant, en périodes classées chronologiquement comme une série de périodes. des titres comme « Histoire anglaise » sont souvent divisés de manière utile. Cela nécessiterait une référence croisée comme

Littérature élisabéthaine. *Voir* la littérature anglaise.

Pour illustrer davantage ce point , on peut dire qu'un livre comme

BRASSEUR , JS

Le règne d'Henri VIII. 2 v. 8o. 1884

est mieux traité de manière inverse et inscrit sous le nom du monarque, comme d'autres livres de nature strictement historique traitant d'un règne particulier. Dans le premier cas, le livre est considéré comme plus utilement catalogué comme une contribution au sujet plus vaste de la « littérature anglaise », et dans le second, le livre est considéré comme traitant plus particulièrement d'Henri VIII. qu'avec « l'histoire anglaise » – d'où la différence de traitement. Dans ce dernier cas, la référence croisée de sauvegarde est

Histoire anglaise.

Pour les histoires de règnes particuliers, voir sous les noms de monarques, comme Charles Ier, Henri VIII, Victoria.

92. — Le groupe suivant est donné (sous forme brève) afin de montrer la différence de traitement de livres apparemment identiques quant au sujet :

Farrar, FW, *Dean (Ed.)* Avec les poètes.

Jacques, Henri. Poètes et romanciers français.

Johnson, Samuel. Vies des poètes anglais.

Keats, John. Œuvres poétiques.

Shairp , JC Aspects de la poésie.

Sharp, Wm. La vie de Shelley.

Tennyson, Seigneur. Déméter et autres poèmes.

La première entrée serait placée sous la rubrique « Poèmes », car il s'agit d'une anthologie. Cette rubrique « Poèmes » devrait être réservée aux recueils de poèmes divers de nombreux auteurs et n'inclurait pas un livre comme les Keats, qui devraient être inscrits sous le nom de l'auteur uniquement. Il ne nécessite aucune inscription sous « Œuvres poétiques », car il s'agit simplement d'une forme, et ne peut pas plus être justifiée que ne pourrait l'être une rubrique « Œuvres en prose ». Si, cependant, le livre a un titre précis, comme le Tennyson, alors une entrée de titre doit être donnée comme suit.

Déméter et autres poèmes. Tennyson, Seigneur.

Les bibliothécaires estiment parfois nécessaire de donner une série de références sous la rubrique « Poèmes » ou « Poésie » aux noms des auteurs représentés dans le catalogue, mais cela est à égalité avec la pratique consistant à regrouper toutes les fictions sous une rubrique « » Des romans." Ces titres de classes ne sont pas strictement exacts mais sont sans aucun doute utiles à une partie des lecteurs. On ne peut pas en dire autant sur tous ces regroupements dans un catalogue de dictionnaires, et il vaut mieux l'éviter si possible. Le catalogue d'une bibliothèque très importante comporte une rubrique « Essais », sous laquelle on a tenté d'inscrire tous les livres écrits sous forme d'essais, ainsi que le mot « essai » sur les pages de titre, et le résultat est un simple fouillis de titres, absolument inutiles, y compris des œuvres aux caractères aussi différents que *Old country life de Baring Gould*, *Auld licht idylls* de Barrie , *In and about Drury Lane de Doran et Books and bookmen* de Lang . Tenter cela dans un catalogue classifié serait déjà assez mauvais, mais dans un catalogue de dictionnaire, cela montre que les premiers principes régissant sa compilation sont totalement mal compris.

Le livre d'Henry James serait à juste titre placé sous « littérature française » et les mots « poètes » et « romanciers » seraient ignorés. Le livre du Dr Johnson devrait être classé sous « Poètes », avec toutes les autres vies de poètes sous forme rassemblée, mais la vie d'un poète individuel, comme celle de Shelley, ne serait pas inscrite de la même manière, comme la vie des individus est inscrite sous leurs noms. , et non sous la classe à laquelle ils appartiennent. Le livre de Shairp traitant de la « Poésie » dans l'abstrait serait donc placé sous cette rubrique, comme le serait tout livre de caractère divers sur la poésie qui ne pourrait pas être placé sous une rubrique plus précise.

93. — Parfois, dans le cas des biographies, il s'avérera inutile de donner à la fois l'auteur et le sujet parce que les biographies sont écrites ou éditées par un fils ou un autre parent portant le même nom, et par conséquent les deux entrées sont réunies dans le catalogue. par conséquent, bien qu'il soit tout à fait correct de donner les deux entrées, une seule suffit. Si l'entrée unique est adoptée, il est préférable de choisir le sujet de l'entrée, et non l'auteur, comme

Stokes, William : sa vie et ses œuvres, 1804-1878, par son fils [Sir] Wm. Stokes. (*Maîtrise de médecine.*) 1898

94. — Les volumes de sermons sont traités de la même manière que les œuvres poétiques, en évitant autant que possible une entrée sous la forme « Sermons ». Une illustration est

Kingsley, Charles. Toussaint et autres sermons. 1890

— L'évangile du Pentateuque : sermons. 1890

— Sermons sur des sujets nationaux. 2v. 1872

— Sermons pour l'époque. 1890

— Sermons villageois. 1890

Le premier et le dernier d'entre eux nécessitent simplement des entrées de titre, comme

Toussaint et autres sermons. Kingsley, vers 1890

Sermons villageois. Kingsley, vers 1890

Le second, au lieu de recevoir une entrée de titre, est mieux placé comme contribution à son sujet, comme

Pentateuque, Le.

Kingsley, C. L'évangile du Pentateuque : sermons. 1890

Les troisième et quatrième nécessiteront également des entrées de titre à moins qu'il n'y ait une référence générale sous le mot « Sermons », de cette façon.

Sermons. *Pour les volumes de sermons avec des titres spécifiques ou sur des sujets précis, voir ces titres et sujets. Les livres portant le titre général de sermons se trouveront sous les noms des auteurs suivants* :

(Voici une liste de noms, dont Kingsley.)

Si cette forme n'est pas jugée appropriée, il n'y a pas d'autre alternative que de donner des entrées de titre, car un titre ne peut pas être correctement créé. La forme est alors :

Sermons. Le Bas, CW 2 v.1828

Sermons pour l'époque. Kingsley, vers 1890

Sermons en Orient. Stanley, AP 1863

Sermons sur des sujets nationaux. Kingsley, C. 2v. 1872

Le classement se fait par ordre alphabétique des mots des titres comme dans le cas de toute autre entrée de titre, et non par les noms des auteurs.

95. — Les drames, les œuvres dramatiques, sont aussi des formes qui appellent un traitement similaire aux poèmes, aux essais ou aux sermons. Les recueils de lettres des particuliers sont simplement inscrits sous les noms des auteurs avec les références des éditeurs.

96. — Il existe parfois dans les catalogues une forme d'entrée qui est si manifestement absurde qu'il suffit à peine d'y faire référence, à savoir le titre « Pamphlets ». Ici, vraisemblablement, tous les livres minces ou non reliés d'une bibliothèque sont répertoriés. Dans un tel arrangement, le travail devrait être facilité, car seules deux rubriques seraient nécessaires, l'une « Livres » et l'autre « Pamphlets », la ligne de démarcation entre les deux étant fixée par le nombre de pages.

La méthode du catalogueur paresseux qui consiste à prendre des volumes constitués d'un certain nombre de brochures reliées ensemble, soit sur le même sujet, soit sur autant de sujets différents qu'il y a de brochures dans les volumes, et à les regrouper avec un titre aussi ridicule, est presque en ligne avec un titre aussi ridicule. des entrées comme celles-ci :

Brochures diverses. vd

Brochures, Divers. 37 v. vd

Sermons, divers. vd

Des brochures politiques. vd

Bien entendu, chaque brochure doit être traitée exactement de la même manière que s'il s'agissait d'un livre séparé, le fait qu'il s'agisse d'un livre mince n'entre pas en ligne de compte, à moins qu'il ne s'avère être d'un caractère aussi insignifiant ou éphémère que être indigne d'une entrée, alors qu'il devrait soit être retiré de la bibliothèque (à moins que le fait de le relier à d'autres ne l'empêche), soit être correctement catalogué.

97. — Les titres prolixes de nombreuses brochures, notamment les traités polémiques des XVIIe et XVIIIe siècles, nécessitent souvent des abréviations. Par exemple:

La succession de Salomon au trône de David considérée dans un sermon à l'occasion de la mort subite de Sa Majesté le roi George Ier, le 18 juin 1727, par Thomas Bradbury. 2e éd. 1727

pourrait très bien être réduit à

Bradbury, Thomas. Sermon sur la mort de George I. 1727

et

Une ordonnance des Lords et des Communes assemblées en Parlement, accompagnée de règles et de directives concernant la suspension du sacrement de la Cène du Seigneur en cas d'ignorance et de scandale ; aussi les noms de ces ministres et autres qui sont nommés juges et juges de la capacité des anciens dans la province de Londres. 1645

peut être réduit en toute sécurité dans la plupart des cas pour

Souper du seigneur. Une ordonnance du Parlement, avec des règles et des directives concernant la suspension de la Sainte-Cène. pp. ii., 14. sm. 4o. 1645

Les brochures sont fréquemment rassemblées et conservées dans les bibliothèques pour une raison particulière — peut-être parce qu'elles présentent un intérêt local — alors que ce fait devrait être mis en évidence dans le catalogue. En conséquence, une brochure intitulée

Un sermon prêché à l'église de Chelsea lors des funérailles de l'hon. Mme Elizabeth Roberts, par Thomas Knaggs. 1710

serait inscrit sous

Église de Chelsea, sermon prêché lors des funérailles de l'hon. Mme Eliz. Roberts. Knaggs, T. 1710

cette entrée s'ajoutant à celle sous « Knaggs » et à une autre sous « Roberts », si la personne avait une certaine importance locale à son époque.

CHAPITRE X.
ENTRÉES DE TITRE ET TIRETS DE RÉPÉTITION.

98. — La mesure dans laquelle les entrées de titre, par opposition aux entrées de sujet, sont nécessaires dans un catalogue de dictionnaire a déjà été, dans une certaine mesure, montrée. Les œuvres de fiction, les pièces de théâtre, les poèmes, les volumes d'essais et parfois les sermons exigent presque tous de telles entrées, celles-ci étant pour la plupart recherchées par leurs titres. Des exemples de chacun d'entre eux sont

Loin de la foule déchainée. Hardy, T.

Michael et son ange perdu : une pièce de théâtre. Jones, HA

Aurora Leigh : poème. Browning, EB 1890

Avis incident. Birrell , A. 2v. 1887-96

Discipline et autres sermons. Kingsley, vers 1890

Celles-ci sont indépendantes des entrées de titre en tant que sujet, telles que

Les mineurs et leurs travaux souterrains. Holmes, FM et sd

Église morave, brève histoire de la. Hutton, JE 1895.

Il existe très peu de livres en dehors des classes ci-dessus qui nécessitent réellement une entrée de titre et, en règle générale, cette fonctionnalité de catalogage est exagérée. Des livres comme

Finck , HT Lotos-heure au Japon. 1895

Hollingshead, John. Ma vie. 2 v.1895

Adams, WHD La Pucelle d'Orléans. 1889

Marsh, George P. Conférences sur la langue anglaise. 1874

ne nécessitent pas d'entrées sous « Lotos », « Ma vie », « Pucelle d'Orléans » ou « Conférences », en dehors de celles nécessaires sous « Japon », « Hollingshead », « Jeanne d'Arc » et « Langue anglaise », pour le moment il est tout à fait habituel de voir de telles entrées.

99. — Il faut soigneusement noter que dans les entrées de titre, les articles (A, An, The) sont absolument ignorés, et que tout autre premier mot est le mot principal sous lequel l'entrée doit être donnée. Il est souvent souhaitable d'inclure l'article, en particulier l'article défini, dans une telle entrée, alors qu'il doit être inséré dès qu'il peut être cohérent avec le sens et le son, ou à la fin de la phrase, selon le cas.

Ange gardien, Le. *Pas* un gardien, l'ange.

Clyde, The, jusqu'au Jourdain. *Pas* Clyde au Jourdain, le.

Vie noble, A. *Pas* noble, A, vie.

Le mal, la genèse du. *Pas* le Mal, genèse de, The.

Les articles sont parfois omis dans des entrées telles que

Ange gardien.

Clyde au Jourdain.

Une vie noble.

Mal, Genèse du.

mais cela ne s'applique qu'à l'article précédant le premier mot du titre et à *aucun autre* .

Char de la chair, Le.

ne peut pas être saisi correctement car

Char de chair.

L'omission générale de l'article principal ne signifie que très peu, voire pas du tout, d'économie d'espace et a un effet brutal, se lisant souvent comme le texte d'un télégramme. En plus de perdre la clarté que donne son inclusion, cela peut en altérer le sens, comme

Journée de balade. *Ce n'est pas la même chose que* le trajet de Day, A.

Phyllis des Sierras. *Ce n'est pas la même chose que* Phyllis, A, des Sierras.

Soldat né. *Ce n'est pas la même chose que* Soldier born, A.

Lors de la transposition de l'article ou de tout autre mot important du début du titre, la lettre initiale majuscule doit être conservée, comme indiqué dans les entrées ci-dessus, et non de cette manière,

L'ami des animaux, le.

Priestcraft, histoire populaire de.

La vie primitive, reliques de.

Afin d'éviter une rupture dans l'ordre alphabétique, les articles sont parfois transposés sous les noms des auteurs, ainsi

"Hobbes, John Oliver."

— Paquet de vie, A.

— Herbe-lune, La.

— Comédie du pécheur, The.

mais cette forme d'entrée rapporte si peu de choses qu'elle compense à peine sa gêne.

Il est incorrect, sous quelque forme que ce soit, auteur ou titre, de laisser de côté l'article en langue étrangère, et cela ne peut être justifié que par l'usage plutôt que par l'exactitude. Comme en anglais, le mot d'entrée n'est jamais sous l'article, car

Petite paroisse , La. *Pas* La petite paroisse .

Aventure d'amour, Une. *Pas* Une aventure d'amour.

Karavane , Meurs. *Pas* la Karavane .

100. — De nombreuses œuvres de fiction dont le titre contient des noms propres sont mieux connues sous ces noms et sont rarement recherchées sous le premier mot du titre. Des livres si connus comme,

L'histoire personnelle de David Copperfield.

M. l'aspirant Easy.

Histoire de Pendennis.

Confessions d'Harry Lorrequer .

Aventures de Huckleberry Finn.

sera plus souvent recherché sous « David », « Aspirant », « Pendennis », « Harry » et « Huckleberry » que « Personnel », « M. ». « Histoire », « Confessions », « Aventures », il convient donc d'exercer un jugement et de donner soit une seule entrée sous l'endroit le plus probable, soit les deux entrées de titre. Si l'espace est un facteur à prendre en compte, omettez toujours l'entrée la moins connue. On verra que les noms dans la fiction ne sont jamais considérés comme de vrais noms, et que les entrées ne doivent pas être données sous les noms de famille tels que « Copperfield », « Easy », « Lorrequer », « Finn ».

101. — Par souci de brièveté, les entrées de titre sont parfois indiquées avec le seul nom de famille de l'auteur, de cette manière

Récompense de deux cents livres, par Payn .

Deux dans la brousse, par Moore.

Deux bisous, par Smart.

Deux petits sabots en bois, par Ouida.

et parfois dans ce style :

À flot et à terre. Tonnelier.

À flot dans la forêt. Reid.

La nuit tombée. Collins.

Dans des œuvres de fiction comme celles-ci, il n'y a pas d'objection majeure à ce plan, si ce n'est l'apparence simple des entrées, mais le mettre en œuvre avec toutes les autres entrées de titre et de sujet revient à retourner aux âges sombres du catalogage. Les exemples sélectionnés ci-dessous prouvent que de telles entrées peuvent avoir très peu de valeur pour les non-initiés. L'inscription complète autre que la cote est donnée :

Hollande, à travers. Par Bois.

Horace. Par Martin.

Enfant, George W. (1874). Grosart .

Christ, avec (Sermon). Kemble.

Église, De la (1847). Champ.

Électricité. Par Ferguson.

Épopée d'Hadès. Par Morris.

Essais. Par Cowley.

Faraday. Par Gladstone.

102. — Cela nous amène à la question des tirets de répétition, à laquelle il a déjà été fait référence au paragraphe 59 lors de l'entrée de l'auteur, et aucun meilleur conseil ne peut être donné au jeune catalogueur que celui d' *éviter les tirets de répétition autant que possible* , et , au maximum, ne les utilisez que dans l'un des cas suivants :

un. Pour éviter de répéter le nom d'un auteur dans la saisie de l'auteur (comme déjà illustré) ou sous le titre-sujet.

b. Pour enregistrer la répétition d'une entrée de titre ou d'une entrée de titre comme sujet lorsqu'un deuxième exemplaire ou une autre édition de la *même* œuvre est saisi.

c. Pour éviter de répéter une vedette-matière.

Les illustrations de la deuxième forme sont

Condé, Princes de, Histoire des. Aumale , duc d'. 2 v.1872

— (éd. français) 2 v. 1863-4

Nourriture et alimentation. Thompson, Sir H. 1891

— (Éd. agrandi) 1898

Maison de Sir Thomas More. Manning, A. 1887

— (Illus. éd.) 1896

et de la troisième forme :

Folie.

— Hill, RG Insanity, son passé et son présent. 1870

— Maudsley, H. La pathologie de l'esprit. 1895

mais la plupart des catalogueurs renoncent à ce formulaire, car le retrait sous la rubrique suffit à indiquer que toutes les entrées appartiennent à cette rubrique. S'il est utilisé, un deuxième tiret sera occasionnellement nécessaire dans des cas similaires à celui-ci :

Irlande.

— Froude, JA Les Anglais en Irlande au XVIIIe siècle. 3 v.1886.

— — L'Irlande depuis l'Union. 1886.

— Hickson, M. L'Irlande au XVIIe siècle. 2 v.1884.

Rien n'est perdu en évitant ce tiret sous les titres, et certains trouvent que le retrait seul, même sous les noms d'auteurs, est si clair que le tiret peut être complètement écarté, et que cela ne désavantagera pas les exemples typiques et authentiques suivants de ce qui a été été sarcastiquement appelé le « système de points et de tirets » de catalogage montrera :

Peinture de Chine. Par Florence Lewis.

— Anciennes autoroutes. Par Williamson.

Compositeurs d'église anglaise. Par Barrett.

— —Histoire du. Par Perry.

La loi et la Dame : un roman. Par Collins.

— International. Par Lévi.

— Physique et Moral, Différence entre. Par Arthur.

— Règne de. Par Argyll.

—Science de. Par Amos.

Landes, The et Fens. Par Mme Riddell.

— — en Espagne. Par SL Poole.

Appareils d'atelier. Par Shelley.

— Reçus à l'usage des fabricants, des mécaniciens et des amateurs scientifiques. Par Spon

— — — — — — — — — — — *Deuxième série*. Par Haldane.

Celles-ci sont tout aussi absurdes à leur manière que celles d'un index récent des catalogues d'éditeurs, à savoir :

Plomb, Argent et.

— Veuillez éclairer.

et l'attention est attirée sur eux simplement dans le but de montrer à quel point de telles entrées peuvent être ridicules, et qu'elles constituent plus un obstacle qu'une aide pour les utilisateurs d'un catalogue, cela n'a pas besoin d'être démontré davantage. On peut donc recommander en toute confiance au catalogueur de faire un usage très limité de ces tirets, dans tous les cas de doute il est préférable de répéter le mot. Les onze tirets sous « Atelier » ci-dessus ne sont pas nécessaires et la forme d'inscription appropriée est la suivante :

Appareils d'atelier. Shelley, CPB 1885

Reçus d'atelier à l'usage des fabricants, etc. Spon, E. 1885

— (Deuxième sér.) Haldane, R. 1885

CHAPITRE XI.
INDEXATION DU CONTENU.

103. — La manière de présenter le contenu des livres à caractère divers ou collectif a été évoquée dans les articles 61 et 62 et il a été souligné que souvent un essai ou un article est plus utile, voire même plus précieux, qu'un livre entier, car il peut donner le cœur du sujet qu'il traite et être suffisamment complet pour les besoins de la plupart des gens. Dans ces circonstances, il est hautement souhaitable que non seulement chaque vedette-matière d'un catalogue contienne tous les livres de la bibliothèque, mais également des parties de livres, dans des limites raisonnables. Jusqu'où doivent s'étendre ces limites est une question intéressante, et elle exige certainement que les bibliothécaires anglais y réfléchissent, en vue de coopérer à la production d'un ouvrage sur le modèle de l'index « *ALA* » : *un index à la littérature générale, par Wm. I. Fletcher, avec la coopération de nombreux bibliothécaires* (Boston, 1893), pour occuper la place pour cette classe de littérature que les index de Poole et d'autres font pour la littérature périodique. L'« ALA Index » est typiquement américain et ne s'intègre pas aussi bien dans les collections des bibliothèques anglaises, même si sa valeur ne peut être contestée. En attendant le règlement de cette question, les bibliothécaires doivent faire ce qu'ils peuvent pour mettre à la disposition de leurs lecteurs les précieux documents cachés dans les volumes d'essais et autres ouvrages de caractère divers. Toutes les règles précédemment établies pour le catalogage s'appliquent au traitement des livres de ce genre, parce qu'ils consistent parfois en des sections rédigées par plusieurs auteurs sur un sujet, ou par plusieurs auteurs sur plusieurs sujets, ou par un seul auteur sur plusieurs sujets. . La méthode habituellement employée pour réaliser complètement cette indexation est illustrée dans la série d'exemples suivante :

STEVENSON , Robert L. Études familières sur les hommes et les livres. 3e éd. pp. XXI., 397. sm. 8o. 1888

Contenu :— Préface, à titre de critique. Les romans de Victor Hugo. Quelques aspects de Robert Burns. Walt Whitman. HD Thoreau : son caractère et ses opinions. Yoshida- Torajiro . François Villon, étudiant, poète et cambrioleur. Charles d'Orléans. Samuel Pépys. John Knox et les femmes.

Hugo, Victor.

Stevenson, RL Les romans de Victor Hugo. (Hommes et livres.) 1888

Brûlures, Robert.

Stevenson, RL Quelques aspects de Robert Burns. (Hommes et livres.) 1888

Whitman, Walt.

Stevenson, RL Walt Whitman. (Hommes et livres.) 1888

Thoreau, Henri D.

Stevenson, RL Thoreau : son caractère et ses opinions. (Hommes et livres.) 1888

Yoshida- Torajiro . Stevenson, RL (Hommes et livres.) 1888

Villon, François, étudiant, poète et cambrioleur. Stevenson, RL (Hommes et livres.) 1888

Charles d'Orléans. Stevenson, RL (Hommes et livres.) 1888

Pepys, Samuel.

Stevenson, RL Samuel Pepys. (Hommes et livres.) 1888

Knox, John.

Stevenson, RL John Knox et les femmes. (Hommes et livres.) 1888

Les sixième, septième et huitième entrées sont sous forme de titre, dans l'hypothèse où la bibliothèque n'aura aucun autre document sur ces personnes ou livres d'elles. Le reste est constitué de titres, car il est probable qu'il y aura d'autres livres de ou sur ces auteurs.

Il existe d'autres méthodes pour traiter les livres de cette nature. Il a déjà été dit que la liste des matières pouvait être omise sous l'entrée principale, ce qui permettrait de réaliser une légère économie. Il serait également tout à fait possible de donner uniquement le titre de l'ouvrage entier sous le titre, en omettant le titre de l'essai ou de l'article en particulier, comme

Hugo, Victor.

Stevenson, RL Les hommes et les livres. 1888

Le fait que l'entrée soit donnée sous Hugo montrerait qu'il y avait quelque chose dans le livre à son sujet, mais pas que cela concernait uniquement ses romans. Il existe également le processus inverse consistant à donner simplement le titre de l'essai, comme

Hugo, Victor.

Stevenson, RL Les romans de Victor Hugo. 1888

L'inconvénient de cette forme est qu'elle serait utilisée pour un livre entier au lieu d'un essai, mais cette difficulté pourrait être surmontée en insérant le mot explicatif « essai », comme

Hugo, Victor.

Stevenson, RL Les romances de Victor Hugo [essai.] 1888

Il existe également le formulaire de référence croisée, comme

Hugo, Victor.

Voir aussi Stevenson, RL Men et les livres.

ce qui est le moins souhaitable parce qu'il est vague et aussi extravagant en ce qui concerne l'espace.

L'illustration suivante est

COLLINS , John Churton .

Essais et études. pp. XII, 369. la. 8o. 1895

Contenu :— John Dryden. Les prédécesseurs de Shakespeare . Lettres de Lord Chesterfield. Le Porson de la critique shakesperienne . Ménandre.

Le fait que ces essais sont principalement des critiques de livres nécessite de considérer leur intérêt à cet égard ainsi que celui qui s'attache à leur valeur en tant que contributions aux sujets, et après examen, il s'avérera que les essais sont mieux placés sous « Dryden », « Symonds, JA » ; "Chesterfield"; « Théobald, Lewis » ; et « Ménandre », de cette manière :

Dryden, John.

Collins, JC John Dryden. (Essais et études.) 1895

Symonds, JA

Collins, JC Les prédécesseurs de Shakspeare . (Essais et études.) 1895

Une revue des travaux de Symonds sur ce sujet.

S'il était jugé nécessaire de donner également les deuxième et quatrième essais sous « Shakespeare », ils pourraient être fusionnés en une seule entrée sous cette forme :

Shakespeare, Guillaume.

Collins, JC Les prédécesseurs de Shakspeare . Le Porson de la critique shakespearienne. (Essais et études.) 1895

Un autre livre du genre est

NOBLE , J. Ashcroft.

Le sonnet en Angleterre et autres essais. pp. 8o. 1893

Contenu :— Le sonnet en Angleterre. Un magazine préraphaélite. Leigh Hunt : l'homme et l'écrivain . La poésie du bon sens. Robert Buchanan comme poète. Colporteur de Morwenstow .

Le mot « contenu » peut être remplacé par « contient » ou « contenant », ou même complètement omis, car la position ou le style des caractères indiquerait suffisamment que la liste était celle du contenu. En tenant dûment compte du sujet exact de chacun des essais, les entrées seraient classées sous « Sonnet » (entrée-titre) ; « Germe, Le » ; « Chasse, Leigh » ; «Pape, Alex.»; «Buchanan, Robert»; « Colporteur, Robert S. »

104. — Il faut bien comprendre que, s'il existe une certaine possibilité d'indexer le contenu des livres comme celui-ci, il n'en existe aucune pour ce qui est des œuvres rassemblées. Le fait qu'une bibliothèque possède, par exemple, l'ensemble de l'édition Ashburton des Œuvres de Carlyle n'implique pas qu'ils soient suffisamment répertoriés s'ils sont présentés sous « Carlyle », et par conséquent ils doivent être entièrement catalogués exactement de la même manière que si chaque livre avait été acheté séparément dans diverses éditions. Sous le nom de l'auteur, ils seraient inscrits comme le montre l'illustration de Hawthorne (section 63), et chaque livre serait traité selon les lignes déjà tracées, comme par exemple

Cromwell, Olivier.

Carlyle, les lettres et les discours de T. Oliver Cromwell ont été élucidés. (Works, *Ashburton éd.* , v. 6-8). 3 v.1885-6

105. — Il existe une règle bien comprise, quoique non formulée, selon laquelle le contenu des grandes œuvres classiques ne nécessite pas d'indexation, et selon ce principe, une œuvre, par exemple sur « Hamlet », serait simplement inscrite sous « Shakespeare » et non sous « Shakespeare ». même une référence croisée est nécessaire à partir de « Hamlet ». Il en va de même pour les classiques anciens. L' *Iliade* ou *l'Odyssée* , l' *Énéide* ou l' *Agamemnon* ne sont généralement inscrits nulle part ailleurs que sous Homère, Virgile et Eschyle respectivement. Cette règle serait également étendue selon la nature de la bibliothèque. Celui qui avait une collection particulière d'éditions de More's *Utopia* ne nécessiterait aucune entrée sous *Utopia* autre qu'une référence croisée à More, où toutes les éditions seraient présentées avec tous les détails nécessaires.

106. — Les remarques faites dans l'article 103 sur la nécessité d'un index coopératif des essais et autres s'appliquent également à la nécessité, qui n'est probablement pas tellement ressentie, d'un index des pièces de théâtre, et d'autres index pourraient même être consultés. pour des volumes de sermons classés par sujets et textes. Plus urgent encore est le besoin d'un index des nombreux portraits contenus dans les livres.

CHAPITRE XII.
LE CATALOGUE CLASSIFIÉ.

107. — La différence entre le dictionnaire et les formes classifiées de catalogues déjà mentionnées dans les sections 8 et 9 peut être démontrée davantage en prenant comme illustration les deux guides ferroviaires bien connus, « Bradshaw » et « ABC ». Les deux guides ont leurs propres mérites, mais sont très différents. L'«ABC» indiquera de manière simple et sans étude préalable de sa disposition, les heures de départ et d'arrivée à une gare particulière, mais il ne montrera pas les arrêts dans les gares intermédiaires du voyage, ni ne fournira des informations exhaustives. ce que fait « Bradshaw ». Mais avant que « Bradshaw » puisse être utilisé de manière satisfaisante, sa disposition et son ordre doivent être étudiés, et il en va de même pour le catalogue classifié. Sa disposition, c'est-à-dire le système de classification adopté, doit d'abord être compris, puis l'ordre de subdivision des classes doit être vérifié avant de pouvoir être correctement utilisé, à moins qu'une telle division ne soit alphabétique plutôt que naturelle ou logique. Ayant maîtrisé le classement et le classement, l'utilisateur du catalogue classé a l'avantage de disposer d'une liste exhaustive de toute une classe de littérature, puis d'un sujet particulier dans son ensemble et ensuite en détail, et avec tous ses sujets collatéraux réunis. C'est du moins la théorie de sa compilation. Cette forme présente l'avantage supplémentaire, déjà mentionné, d'une économie de production, car un livre nécessite rarement plus d'une seule entrée autre qu'une référence dans l'index, alors que le nombre d'entrées pour chaque livre dans un catalogue de dictionnaire est rarement inférieur. que trois.

Encore une fois, un catalogue classé peut être publié en sections, une classe ou plus en même temps, et en grandes ou petites éditions de chaque section, selon la demande. Pour être réellement utile, le catalogue du dictionnaire doit être publié dans son intégralité, comme s'il était publié en plusieurs versements, il n'a aucune valeur tant qu'il n'est pas terminé, car chaque section n'est pas complète en elle-même comme l'est une liste de classes.

Cela dit sur le catalogue classé, il convient de souligner que l'ensemble des livres contenus dans une bibliothèque par un auteur particulier ne peut être reconnu par celui-ci sans quelques difficultés, à moins qu'il ne dispose d'un index d'auteur à titre abrégé comme indiqué dans l'article 112, et les livres sur un pays donné, par exemple la Chine, ne peuvent pas être trouvés ensemble en un seul endroit, ceux sur les religions de la Chine ne seraient pas regroupés avec ceux sur ses coutumes sociales, ceux sur son histoire naturelle ne seraient pas avec aucun des deux. ceux-ci, ainsi qu'un livre traitant de tous ces éléments ensemble, comprenant une description du pays, se trouveraient dans un endroit séparé.

108. — Les arguments pour et contre les deux styles de catalogue étant soigneusement pesés, plus spécialement du point de vue de l' utilité générale pour le public concerné, et en tenant dûment compte du coût de production, et le choix ayant été fait de la forme classifiée du catalogue, le catalogueur décidera d'abord du système de classification à adopter, en supposant que la bibliothèque en question n'est pas déjà classée ou que son système de classes principales n'est pas satisfaisant aux fins de catalogage. Ceci ayant été accompli au moyen du *Manuel de classification des bibliothèques de Brown* , qui résume tous les différents systèmes, l'entrée de l'auteur est faite sur la base des principes généraux déjà énoncés dans les chapitres III. à VII. du présent ouvrage qui sont tous également applicables.

Une ou deux lignes doivent être laissées en haut du bulletin sur lequel l'inscription est inscrite, afin de marquer le classement, la division et la sous-division soit par leurs noms, soit par des numéros, si le schéma adopté a une notation numérique. Supposons par exemple que le livre soit

Quartier, James. Ornement historique : traité d'art décoratif et d'ornement architectural. Illus. 2 v. 8o. 1897

le bordereau ou la carte serait marqué comme suit dans le coin supérieur droit , comme étant le plus pratique pour le tri,

Beaux-Arts. [La classe].

Ornement. [La division.]

l'on utilise la célèbre classification Dewey [2] , le nombre 745 serait écrit au même endroit, signifiant la classe « Beaux-Arts », la division « Dessin, Décoration, Design », et la sous-division ou définition définitive. sujet, « Design ornemental ».

Selon la classification ajustable de Brown [3] , l'entrée serait marquée C 76, désignant la classe « Beaux-Arts », la division « Décoration » et la sous-division « Pratique générale et exemples ». Dans le catalogue du dictionnaire, ce livre serait inscrit sous « Ward » et « Ornament ».

Un autre exemple est

Willmott, Robt. A. (*Ed.*) Les poètes du XIXe siècle : [sélections]. pp.xx, 620, port., illus. 8o. sd

Celui-ci serait marqué « Littérature », division « Littérature anglaise », sous-division « Poésie », et laissé pour une sous-division plus détaillée lorsqu'il s'agirait d'être classé avec des œuvres apparentées au moment de la préparation pour l'impression. Le numéro Dewey serait 821,08 ou selon la méthode de marquage de Brown J 12.

Une autre illustration est

Oiseau, Robert. Jésus, le charpentier de Nazareth. 8e éd. pp. XII, 498. sm. 8o. 1894

Cela serait marqué « Théologie » ou « Religion », division « Bible », sous-division « Christ » ; le nombre de Dewey étant 232,9, et celui en notation de Brown E168.

109. — L'illustration suivante présente une certaine difficulté, dans la mesure où elle peut être classée en trois classes :

Macpherson, HA, AJ Stuart-Wortley et Alex. I. Shand. Le faisan : histoire naturelle, chasse, cuisine. (*Ser. Fourrure et plumes*) pp. X, 265, illus. 1895

Compte tenu de la série dans laquelle le livre apparaît, il ne peut pas très bien être placé sous « Histoire naturelle », et il ne contient pas non plus grand-chose qui plaise au naturaliste scientifique, bien qu'une référence à la division « Gibier à plumes » de cette classe serait le plus souhaitable. Comme il faut d'abord tirer le faisan avant de pouvoir le cuire, et qu'il y a beaucoup plus de pages consacrées au tir qu'à la cuisine, l'ouvrage se place parmi les livres de sport : classe « Beaux-Arts », division « Arts récréatifs », sous-titres. -division « Sports de terrain », puis division « Tir ». Le numéro Dewey est donc 799 et la marque Brown C632.

Dans le catalogue du dictionnaire, un livre comme

Bernard, Henri M.

Les apodidés . (*Nature ser.*) pp. 316, ill. sm. 8o. 1892

est facilement traité, car il est simplement inscrit sous « Apodidæ » pour le sujet. Dans le catalogue classifié, il faut cependant l'élaborer dans toutes ses limites, comme classe « Science », section « Histoire naturelle », division « Zoologie », sous-division « Arthropoda » ou « Articulata », petite division « Crustacés ». » Le nombre Dewey est 595,3 et la notation Brown est A152.

Sur un principe similaire, un livre sur un sujet très différent, à savoir :

Loftie , WJ

L'abbaye de Westminster. Nouvelle éd., révisée, pp. XII, 319, illus. 8o. 1891 est traité de la même manière. La classe est « Histoire », la division « Europe », la sous-division « Îles britanniques », la division supplémentaire « Angleterre » et la division plus petite « Londres » ; le nombre de Dewey étant 942,1, et celui de Brown est F742. Cet arrangement repose sur l'hypothèse que le livre est écrit du point de vue historique et topographique. Il est cependant écrit du point de vue architectural, et le titre pourrait être entièrement différent ; comme alors, la classe serait « Beaux-Arts », la division « Architecture » et la sous-division « Architecture ecclésiastique », avec une autre section consacrée aux « Monographies ». C'est un de ces livres à caractère composite qui peuvent être très convenablement classés en deux classes, en ce qui concerne le catalogue, par rapport à la disposition des étagères.

Même dans le catalogage, il est inhabituel et difficile de diviser en classes et sous-divisions les livres de caractère divers, comme les volumes d'essais, qui sont « indexés » section par section dans le catalogue du dictionnaire. Ceux-ci sont donc rassemblés en un seul endroit, à moins que la totalité ou la plupart des essais ou sections ne portent sur un sujet particulier, lorsqu'ils sont placés dans leur classe appropriée. Bien qu'il puisse n'y avoir aucune division du contenu des livres divers, distincts des ouvrages collectifs, cela n'élimine en rien la nécessité d'exposer intégralement le *contenu* de ces livres dans l'entrée de la classe principale. Hormis la petite difficulté et le fait que ce n'est pas une coutume, il n'y a pas de raison très suffisante pour que ces contenus ne soient pas divisés dans le catalogage classifié et insérés dans les classes appropriées tout au long, même s'ils seraient traités comme des entrées-matières dans le catalogue du dictionnaire. ; en fait, à bien y regarder, c'est la seule bonne méthode de procédure à adopter.

Les livres mentionnés ci-dessous sont regroupés car ils sont tous compris dans la seule classe « Histoire » sous la classification Dewey. Par la méthode Brown, « Biographie et correspondance » est séparée de « Histoire et géographie » et transformée en une autre classe, bien qu'il soit souvent très difficile de trouver la ligne de démarcation entre histoire et biographie dans la vie des monarques et autres mémoires historiques. Les classes et divisions sont données à chaque article sous la forme selon laquelle il est conseillé de marquer les fiches de catalogue pour le tri jusqu'au moment de leur préparation pour l'impression.

Histoire.
Voyages et voyages.
Régions arctiques.
N.-E. Passage.

Nordenskiöld, AE

Le voyage de la Vega autour de l'Asie et de l'Europe ; trad. par Alex. Leslie, pp. VIII, 414, ports., cartes, illus. sm. 8o. 1886

Si les classifications Dewey ou Brown étaient utilisées, au lieu de marquer avec des vedettes de classe et de sujet comme ci-dessus, l'entrée serait simplement marquée 919 ou F1356.

Histoire.
Europe.Irlande.

Bagwell, Richard.

L'Irlande sous les Tudors. 3 v. 8o. 1885-90

(Numéro Dewey 941.55. Marque brune F826.)

Histoire.
Biographie de la littérature.

Fitzgerald, Percy.

La vie de Lawrence Sterne. Port. 2 v. 8o. 1896

(Numéro Dewey 928. Marque brune G88-Sterne.)

Histoire.
Voyages et voyages.Europe.Russie.

Hapgood , Isabel F.

Randonnées russes. pp. 8o. 1895

(Numéro Dewey 914, 7. Marque brune F 1168.)

110. — Comme nous l'avons déjà souligné, la principale difficulté des catalogues classifiés, surtout si la classification est étendue jusqu'à ses limites, est que les personnes qui utilisent le catalogue doivent se familiariser avec sa disposition avant de pouvoir en faire un usage adéquat. Ainsi, pour trouver un livre sur la Russie, il faut penser l'ordre géographique, et pour trouver une vie de Sterne, il faut d'abord se rappeler que, comme il était auteur, il entrerait dans la division littéraire de la biographie, ou si une vie de Sterne William Penn est recherché, il faut savoir s'il est placé dans la biographie de la religion ou de l'histoire selon le point de vue sous lequel on l'envisage.

Le système de M. Brown élimine certaines de ces difficultés, car il classe pour la plupart ses pays par ordre alphabétique sous continents, et ses biographies d'individus par ordre alphabétique de sujets. Dans certains catalogues classifiés récents, cette idée a été poussée plus loin et tous les continents et pays du monde ont été classés dans un seul alphabet, comme l'Abyssinie, l'Afghanistan, l'Afrique, l'Algérie, l'Asie, etc., avec des subdivisions appropriées sous chacun d'entre eux. appeler pour. Ce classement alphabétique a également été réalisé pour les divisions principales des classes « Beaux-Arts » et « Arts utiles » et il facilite certes la référence, même s'il faut admettre qu'il rompt avec le principe important de donner une vision complète de l'art. un sujet dans toutes ses dimensions, d'abord en général, puis en particulier jusque dans ses plus fines limites. Ce principe peut très bien être dérogé lorsqu'il s'agit de biographies *individuelles* et, dans ce cas, la forme d'entrée serait inversée, car

Biographie.

Sterne, Laurence, La vie de, par Percy Fitzgerald. Port. 2 v. 8o. 1896

Selon le système Dewey, les œuvres de fiction sont classées comme elles le devraient sous les langues, les époques et les auteurs dans la classe principale « Littérature », mais la plupart des bibliothèques doivent créer une classe distincte pour ce type de littérature. Cela a été autorisé dans la classification ajustable de Brown, la classification étant alphabétique par auteurs avec une section distincte de livres pour jeunes, celle-ci étant divisée en livres spécialement écrits pour les garçons et à nouveau en livres pour filles. Ces deux divisions principales des œuvres de fiction (*c'est-à-dire des* romans) et des livres d'histoires pour enfants seront suffisantes dans le catalogage, les entrées étant classées par ordre alphabétique des auteurs. Le principe du dictionnaire selon lequel une entrée de titre peut être ajouté avec avantage, et les titres sont donnés soit dans un ordre alphabétique séparé, soit plus commodément à leur place dans le même alphabet que les entrées d'auteur, en gardant bien sûr toutes les entrées ensemble dans leur classe particulière.
.

111. — Plus la classification d'un catalogue classifié est élaborée, plus il est nécessaire de disposer d'un index adéquat des auteurs et des sujets. L'index peut être une simple référence sous le nom de l'auteur à la page sur laquelle se trouve l'entrée, comme

Quartier, Jacques 130

mais cela nécessite une recherche de page en page, et presque de ligne en ligne sur chaque page si l'auteur a écrit un certain nombre de livres qui paraissent dans différentes parties du catalogue. Par exemple, voici l'entrée d'index d'un catalogue ainsi indexé :

Hamerton , PG, 42, 84, 86, 119, 125, 149, 151, 163, 165, 174, 175, 176, 190, 213, 215, 252, 330, 366.

La seule méthode pour éviter cela est de donner à chaque livre un titre bref, juste suffisant pour l'identifier, et s'il faut l'admettre, cette méthode prend de la place, mais elle en vaut la peine. Voici le formulaire auquel il est fait référence :

Hamerton , PG Dessin et gravure, 86.

— Français et anglais, 119.

— Rapports humains, 42.

— Français modernes, 149.

— Réflexions sur l'art, 84.

La même difficulté ne se poserait pas dans l'indexation des sujets, car le sujet tout entier serait regroupé en un seul endroit ou presque, et la référence à la ou aux pages serait assez facile. Un exemple de cette entrée d'index-matière tirée du même catalogue est

France (Histoire), 124, 126, 136.

— (Descriptif) 215.

— L'Église de, 139.

— Langue et littérature, 246, 280.

Guerre franco-allemande, 136.

Avec les notations Dewey et Brown, l'indexation se ferait par numéro de classe et de sujet, et non par pages, comme

Ornement, 745.

Poésie, anglais. 821.

Christ, vies de. E168.

Quel que soit le système de classification utilisé, chaque section distincte d'une classe pourrait être numérotée consécutivement à des fins d'indexation (comme c'est le cas de ce présent livre) et à moins que les sections ne soient inhabituellement grandes, la référence serait ainsi beaucoup plus simple et directe que par la page. .

Si la section ou la classe de fiction en prose était classée par auteurs par ordre alphabétique, il n'y aurait aucune raison d'inclure les auteurs de cette section dans l'index, et une simple déclaration générale au début de l'index, soulignant le fait qu'ils ne sont pas donc inclus répondrait au cas. Selon un principe similaire, il ne serait guère nécessaire d'indexer les *sujets* d'une biographie individuelle s'ils étaient classés par ordre alphabétique comme suggéré, même s'il faut se rappeler que beaucoup d'entre eux apparaîtraient dans l'index en tant qu'auteurs.

Il est d'usage de séparer les index des auteurs et des sujets, en imprimant parfois l'un au début et l'autre à la fin du catalogue. Il ne semble pas y avoir de raison importante pour adopter cette solution, et les deux index pourraient très bien être fusionnés, et ainsi ajouter une caractéristique de la forme dictionnaire au catalogue classifié, en plus il serait plus facile de s'y référer. En aucun cas il ne faut omettre un résumé de la classification adoptée, indiquant l'ordre de son classement, et celui-ci est mieux placé au début qu'à la fin où se trouvera l'index.

Les entrées d'index peuvent être faites, si on le souhaite, au moment de la rédaction de l'entrée principale du catalogue, lorsqu'il convient d'utiliser pour elles un feuillet de plus petit format ; mais il s'avère commode de compiler l'index à partir des épreuves de l'imprimeur au fur et à mesure que l'ouvrage passe par la presse. Avec la numérotation Dewey et Brown, il n'est pas nécessaire d'attendre que le travail soit aussi avancé, et l'index peut être compilé aussi facilement avant qu'une partie de la « copie » ne soit envoyée à l'imprimeur comme lorsqu'elle est en caractères.

112. — Il faudra peut-être ajouter que les entrées principales d'un catalogue classifié sont classées par noms ou numéros de classe et de sujet, comme le montrent les exemples, et non par auteurs, comme dans le catalogue du dictionnaire, bien que les auteurs des livres à venir réunis sous un seul sujet défini seraient systématiquement classés par ordre alphabétique.

CHAPITRE XIII.
ALPHABÉTISATION ET ARRANGEMENT.

113. — À première vue, il semble simple de classer les fiches par ordre alphabétique — « aussi simple que a, b, c » — mais, à en juger par les erreurs commises et le petit nombre de personnes qui, lorsqu'on leur demande il peut alphabétiser correctement, ce n'est pas aussi simple qu'il y paraît. L'arrangement doit, bien entendu, être conforme à l'alphabet anglais, et quelle que soit la langue des entrées, I et J et U et V doivent être séparés comme des lettres distinctes, puis par chaque mot séparé.

L'un des premiers principes est d'organiser toutes les entrées commençant par le même mot conformément à ce qui est compris comme la préséance et l'importance de l'entrée, à savoir (1) l'auteur et les autres noms de personnes ; (2) noms de sujets ; (3) les titres de livres ; comme par exemple:

Irlande, Alex. (*Ed.*) L'enchiridion du bibliophile.

(Auteur.)

Irlande.

Bagwell, R. L'Irlande sous les Tudors.

(Sujet.)

Irlande : un conte. Martineau, H.

(Titre.)

Il a déjà été démontré que les lettres initiales précèdent tous les mots portant la même initiale, et selon la même règle, tous les noms ayant une initiale particulière pour le prénom sont placés avant ceux portant le prénom en toutes lettres, comme

Fitzgerald, PF

Fitzgerald, Percy.

Fitzgerald, SJA

Fitzgerald, Samuel.

Lorsqu'il y a plusieurs personnes portant le même nom et la même initiale dans le catalogue, il convient également, par souci de clarté, d'essayer de connaître le nom complet pour lequel représente l'initiale et de le donner. Lorsque cela n'est pas possible, il est très important de faire attention et de ne pas attribuer les livres d'auteurs différents à un seul auteur, ou ceux d'un individu à des auteurs différents. Ce sont des erreurs bien plus fréquentes qu'on pourrait le croire.

Les monarques, en tant qu'auteurs ou sujets, portant des noms similaires sont classés par ordre chronologique, mais avec les souverains britanniques en tête, comme

Guillaume Ier, le Conquérant.

Guillaume III, prince d'Orange.

Guillaume IV.

Guillaume II, empereur d'Allemagne.

Ceux-ci seraient suivis par des personnes portant un seul nom, comme

Guillaume *de Malmesbury* ,

puis par d'autres personnes portant William comme nom de famille, classées par ordre alphabétique de leurs prénoms ou initiales. Lorsque des titres sont utilisés et apparaissent dans le nom, comme Lord, Lady, Sir, Rev., Dr., ils sont ignorés et ne doivent en aucun cas affecter l'arrangement, même s'il arrive qu'il n'y ait pas d'autre moyen de les distinguer. une personne, et si le prénom ne peut être déterminé, ce nom serait placé avant celui de tous les autres du même nom et traité exactement de la même manière que si seul le nom de famille était connu et qu'aucun titre n'existait, comme

Agneau, Madame.

Agneau, Arthur.

Agneau, Charles.

Si deux nobles du même titre portent le même prénom , ils doivent être placés par ordre de succession avec leur ordre indiqué, comme

Derby, Edward, 14e comte de.

Derby, Edward, 15e comte de.

et les parents et les enfants portant des noms similaires sont classés selon l'ancienneté, comme

Dumas, Alexandre.

Dumas, Alexandre, *fils* .

Il est parfois recommandé de placer des distinctions de cette nature avec le nom de famille, comme

Johnson *senior* , Thomas.

Johnson *junior* , Thomas.

mais ce n'est pas une forme très heureuse.

Les noms d'une personne sous différentes formes ne doivent pas être classés par ordre alphabétique sous ces formes, mais sélectionnés et tous concentrés sous cette forme, car il serait insensé d'avoir des entrées séparées sous, par exemple, Shakspere , Shakespeare, Shakspear , Shakspeare , bien que la variété du nom puisse figurer *dans les différentes inscriptions* sous la forme adoptée.

114. — Il a déjà été démontré que les différentes éditions d'un même ouvrage doivent être classées autant que possible par ordre de publication, et que les éditions dans la langue de l'original sont placées avant les traductions, et les ouvrages complets avant les parties ou les sélections. Ceux-ci seraient à leur tour suivis d'ouvrages *sur* l'auteur en tant que sujet, *c'est-à-dire* biographiques et critiques, lorsqu'il n'y a pas lieu de répéter son nom comme sujet, car le tiret répété peut être omis pour montrer qu'il n'est pas l'auteur. d'un livre sur lui-même, erreur qui ne sera probablement pas commise par la personne la plus stupide si le nom de l'auteur du livre sur l'auteur en question laisse présager

Agneau, Charles. Les essais d'Elia.

— L'école de Mme Leicester.

Ainger , A. Charles Lamb.

Martin, BE Sur les traces de Lamb.

Cet ordre de disposition peut être présenté dans son intégralité de la manière suivante : -

1er. Œuvres complètes dans l'original (par date de publication).

2ème. Œuvres complètes en traduction (par date de publication).

3ème. Œuvres semi-complètes (*c'est-à-dire* plus d'une œuvre).

4ème. Œuvres uniques, classées par ordre alphabétique par titres, d'abord dans l'original, puis dans les traductions de chacune immédiatement après.

5ème. Œuvres dont l'auteur est co-auteur.

6ème. Fonctionne lorsqu'il n'est qu'éditeur ou compilateur.

7ème. Références *de* la personne en tant *qu'auteur* .

8ème. Ouvrages le concernant, par ordre alphabétique des auteurs.

9ème. Références *de* la personne comme *sujet* .

Comme déjà indiqué à l'article 52, les noms avec préfixes sont considérés comme faisant partie du nom et disposés en conséquence. Si le préfixe est abrégé en M', ou Mc, ou St., il est placé dans l'ordre comme s'il était épelé Mac ou Saint. Cela n'implique pas que le nom doive être ainsi modifié dans le catalogue et se réfère uniquement à la commande. Les noms comme Müller doivent être classés comme Muller, en prenant soin que les autres entrées ne soient pas sous Mueller, mais c'est une question qui peut être mieux traitée en fonction des circonstances du cas, comme, par exemple, Goethe devrait être classé par ordre alphabétique , et pas comme Göthe . Les diphtongues sont classées par ordre alphabétique en lettres distinctes.

115. — Les mots abrégés dans les entrées de titre sont également traités comme s'ils étaient donnés dans leur intégralité, et par conséquent « Dr. Thorne » et « M. Isaacs » ne vient pas immédiatement avant « Drab » et « Mud », mais respectivement avec « Doctor » et « Mister ». Il est à peine besoin de dire que « Mme. Bligh" ou toute autre Mme n'est pas classée par ordre alphabétique ni sous forme abrégée ni familière, mais comme "Maîtresse", et ne se situe donc pas entre " Mozley " et " Muddock ". D'autres mots abrégés sont disposés sur le même plan. « Fo'c's'le Yarns » apparaissant comme « Forecastle », bien que l'exception à cette règle se trouve dans d'autres élisions contenues dans de telles entrées, comme

C'était dans la baie de Trafalgar.

« Entre la neige et le feu.

Qui était Philippe ?

À qui la faute ?

qui sont classés par ordre alphabétique comme indiqué ici, et non sous « Cela », « entre » ou « Qui est ».

Les mots composés, qu'ils soient divisés par un trait d'union ou imprimés en un seul mot, sont disposés pour suivre le mot unique, de cette manière :

Réservez pour le hamac.

Livre de bêtises.

Reliure.

Achat de livres.

Tenue de livre compte.

Ex-libris.

Livres.

Nouvelle Galles du Sud.

Nouveau Testament.

Nouvelle-Zélande.

Newcastle.

Terre-Neuve.

Nouveau portail .

Lorsque des chiffres commencent dans une entrée de titre, ils sont classés par ordre alphabétique comme s'ils étaient écrits ou imprimés avec des mots ; ainsi

Billet de banque de 1 000 000 £, The.

97e Régiment, Histoire du.

Récompense de 200 £.

sont classés respectivement par « Un million », « Quatre-vingt-dix-septième » et « Deux cents ».

116. — Il est nécessaire de répéter les instructions pour ignorer les articles « A », « An » et « Le » par ordre alphabétique, lorsqu'ils précèdent un titre ou sont transposés à des fins alphabétiques, mais pas autrement. Au milieu d'un titre, il faut compter avec eux, et donc « Sous un masque étrange » vient avant « Sous le drapeau de Drake » et « Mr. et Mme Faulconbridge » avant « M. L'argent du boulanger. Le possessif doit être traité comme orthographié, et ainsi « Les mineurs et leurs œuvres » vient avant « Le droit du mineur, Le », et « Livre de jeux pour garçons et filles » se situe entre « Les aventures des garçons » et « Les garçons et moi ». »

Parfois, dans un travail de tri, des entrées sur des sujets très différents, qui s'écrivent de la même manière, sont par inadvertance amalgamées sous un seul titre, et ainsi des livres comme « *Les Grands Sceaux d'Angleterre* » de Wyon ; « *Sceaux des mers britanniques* » par Southwell ; et « *Catalogue of seals in the British Museum* » de Birch, sont réunis à la confusion du naturaliste ou de l'antiquaire. Heureusement , il n'existe pas beaucoup de tels sujets, sinon le catalogueur mécanique qui s'en tient à des règles empiriques ferait plus souvent rire qu'il ne le fait aujourd'hui.

Parfois, il sera conseillé d'ignorer l'ordre alphabétique des titres des livres sous le nom d'un auteur, comme dans le cas où un certain nombre de livres avec des titres variés sont destinés à être lus dans un ordre particulier alors qu'il est plus avantageux de organisez-les plutôt que de respecter l'ordre alphabétique. Une note doit être ajoutée, indiquant que la disposition est conforme à l'ordre.

CHAPITRE XIV.
IMPRESSION.

117. — Les feuillets étant classés par ordre alphabétique s'il s'agit d'un catalogue dictionnaire, ou par classes et divisions s'il s'agit d'un catalogue classifié, doivent être déposés sur des feuilles de papier pour être envoyés à l'imprimeur. Ces feuilles de papier doivent être fines, résistantes et de taille uniforme, mais la couleur et la qualité ont peu d'importance et du papier d'impression brun ou bon marché fera l'affaire. Les feuillets sont d'abord préparés en coupant toute partie de l'entrée qui ne doit pas être imprimée, comme le nom de l'auteur dans la deuxième entrée et les suivantes sous son nom, et de la même manière en coupant le titre des feuillets où il y a plus entrées qu'une sous le sujet. C'est mieux que de tout noter, puis de marquer ensuite ce qui ne doit pas être imprimé. Les feuilles de papier doivent d'abord être collées partout, les feuillets posés dessus dans l'ordre, généralement sur deux colonnes, puis tous repassés. Un petit espace marginal doit être laissé pour l'insertion d'entrées supplémentaires.

Si les entrées sont écrites sur des cartes et que l'on souhaite éviter de les déposer sur des feuilles de papier, les noms et les titres à ne pas imprimer doivent être rayés et les cartes enfilées ensemble par lots d'une centaine. au moyen du trou habituellement percé en eux, en les numérotant du début à la fin pour plus d'ordre et de sécurité. Si la « copie » est constituée des pages imprimées d'un ancien catalogue avec de nouveaux ajouts à insérer, la page doit d'abord être déposée sur la feuille et les nouvelles entrées en dessous, celles-ci étant numérotées consécutivement sur chaque feuille séparément avec un numéro correspondant marqué sur la page à l'endroit exact où va la nouvelle entrée. S'il y a un nombre relativement important de telles insertions, il est beaucoup plus sûr et plus juste pour l'imprimeur de découper la page imprimée et de placer les entrées supplémentaires dans leur ordre correct avant de les déposer sur la feuille de papier.

118. — Les feuilles au fur et à mesure qu'elles sont préparées doivent être numérotées consécutivement partout avec un chiffre en gras dans le coin supérieur droit , et avant de les envoyer à l'imprimeur, elles doivent être finalement examinées pour révision. C'est le moment le plus approprié pour marquer la « copie » pour les variations de caractères. Le marquage est généralement le suivant :

Pour les MAJUSCULES, souligner trois fois à l'encre noire.

Pour LES PETITES MAJUSCULES , soulignez deux fois à l'encre noire.

Pour *les italiques* , soulignez une fois à l'encre noire.

Pour **le Clarendon** ou tout autre type épais, soulignez comme ci-dessus en rouge.

Pour les caractères plus petits que le corps du catalogue, marquez les parties dans la marge en rouge et noir, ou en rouge et bleu.

Avant que le catalogue puisse être envoyé pour être imprimé, sa forme doit être décidée quant à la taille des pages, la qualité et la couleur du papier, les types à utiliser et le style de reliure, et ceux-ci étant réglés, une spécification doit être disposé à guider l'imprimeur dans son travail, ou à obtenir des appels d'offres si les travaux d'imprimerie sont ouverts à la concurrence, comme c'est le plus souvent le cas pour tous les travaux exécutés pour des organismes publics. Les préférences personnelles régissent de nombreuses questions liées à la « constitution » d'un catalogue, bien que dans la plupart des cas il existe une limite imposée par la nécessité d'économiser sur le coût de l'impression, tout comme c'est si souvent le cas pour l'économie de compilation. On peut se référer aux styles habituellement adoptés dans les catalogues des services de prêt des bibliothèques subventionnées.

119. — La forme la plus économique et la plus courante est l'in-octavo royal, imprimé avec deux colonnes sur la page en caractères brefs, avec les vedettes-matières en caractères plus épais, et les notes et la liste des matières sans pareil. Parfois, les noms des auteurs dans l'entrée principale sont imprimés en majuscules et en petites majuscules, ce qui sert très bien à des fins distinctives. On voit parfois un catalogue dans lequel les vedettes-matières sont en majuscules et les noms des auteurs imprimés en caractères plus épais, de sorte que les auteurs sont trop visibles et les sujets pas assez visibles. Si les noms des auteurs dans toutes les entrées sont imprimés en caractères plus noirs et les numéros d'étagère ou autres numéros de découverte également, l'apparence est grandement gâchée, la page ayant un aspect tacheté des plus inquiétants à l'œil, et le but pour lequel les caractères épais sont imprimés. adopté est rejeté. Dans l'ensemble, on constatera que, pour être efficace, les caractères les plus lourds doivent être utilisés avec parcimonie, et comme les vedettes-matières sont beaucoup moins nombreuses que les noms d'auteurs, la page la plus digne et la plus satisfaisante est obtenue en utilisant des caractères plus lourds pour les titres plutôt que les noms d'auteurs. pour les noms des auteurs. S'il s'agit principalement du catalogue de dictionnaires, c'est aussi le meilleur style à adopter pour le catalogue classifié. Tous les caractères utilisés doivent être aussi simples que possible, qu'ils soient anciens ou modernes, sans lettres fantaisistes, et les caractères les plus lourds doivent être similaires en style et en taille à ceux utilisés dans le corps du catalogue. Lorsque deux tailles de caractères sont utilisées à des fins distinctes, il est d'usage de passer sur une taille afin que la distinction soit plus claire, ainsi si le type de corps était une amorce longue, le contenu et les notes doivent être mis en brevier et non en bourgeois, et nonpareil doit être utilisé avec brevier, et non avec minion. Les spécimens de types suivants seront utiles, d'autant plus qu'ils montrent l'espace de ligne occupé par chaque taille :

TAILLES DE TYPE.

This line of type is modern-faced......... (Pica.)
This line of type is modern-faced......... (Small Pica.)
This line of type is modern-faced............ (Long Primer.)
This line of type is modern-faced...........................(Bourgeois.)
This line of type is modern-faced.............................. (Brevier.)
This line of type is modern-faced .... (Minion.)
This line of type is modern-faced.................................... (Nonpareil.)

This line of type is old-faced............... (Pica.)
This line of type is old-faced............ (Small Pica.)
This line of type is old-faced.................. (Long Primer.)
This line of type is old-faced ....(Bourgeois.)
This line of type is old-faced .... (Brevier.)
This line of type is old-faced ....(Minion.)
This line of type is old-faced ....(Nonpareil.)

120. — Un autre style de catalogue souvent vu est le format demy octavo, imprimé sur toute la page dans un long abécédaire avec des titres « Clarendon » ou « De Vinne » et des notes et contenus brefs. Il s'agit d'une forme très efficace pour une liste de classe ou pour le premier catalogue d'une nouvelle bibliothèque, car elle présente l'avantage de donner un aspect imposant au catalogue, quelle que soit la pauvreté de la collection de livres. Bien sûr , il est beaucoup plus facile à lire et donne dans l'ensemble une meilleure page, mais cela augmente considérablement le volume et le coût du catalogue, en plus de donner à l'imprimeur plus de « gras », comme on appelle les parties blanches ou non imprimées de la page. Ce style est préférable pour la bibliothèque de référence, où la taille du catalogue n'a pas d'importance, car il n'est pas nécessaire de le transporter.

Il existe des variations de ces tailles et types allant de l'octavo super royal et du quarto couronne jusqu'au duodecimo, avec des caractères allant du petit pica au nonpareil. Le nombre d'exemplaires de l'édition dépend du nombre ou du nombre probable des acheteurs du catalogue pendant une période d'années donnée, les circonstances locales étant seules déterminantes en cette matière.

121. — Avant d'envoyer une spécification pour l'impression des devis, il est plus sûr, plus satisfaisant et plus juste pour toutes les personnes concernées de faire établir une page spécimen, contenant tous les types à utiliser dans une quantité proche de leurs quantités proportionnelles. Le coût d'une telle page est minime, mais le bibliothécaire sait alors précisément ce qu'il demande et à quoi s'attendre, et l'imprimeur comprend mieux ce qu'il cherche. On pense que tous les autres points sont inclus dans la spécification illustrative suivante, qui n'est pas tirée de celle d'une bibliothèque particulière, mais incarne de manière concise ce qui est considéré comme les meilleures caractéristiques de plusieurs spécifications.

SOCIÉTÉ DE LAMBWELL .

Spécification pour l'impression du catalogue de la bibliothèque publique.

Le Comité de la Bibliothèque Publique Gratuite lance un appel d'offres pour l'impression d'un catalogue de sa Bibliothèque de Prêt aux conditions suivantes :

Édition et taille. — L'édition sera composée de trois mille exemplaires, au format in-8° royal (disons $9\frac{1}{4} \times 6$ une fois relié).

Papier. — Peser au moins 30 livres. à la rame, de bonne finition, blanche, de teinte uniforme partout.

Type et réglage. — Brevier à l'ancienne, avec occasionnellement de petites majuscules, italiques et clarendon ou antique, avec des notes et des contenus sans pareil, et les lettres accentuées appropriées dans les langues étrangères. A fixer solidement, deux colonnes par page, soixante-dix lignes par colonne, chacune de quinze ems de large, avec des règles de double division entre elles. Les lignes de chiffre d'affaires doivent être indentées de deux ems , le tiret de répétition doit être une règle d'un em , la lettre de classe et le numéro doivent être dégagés de quatre ems , le retrait sans pareil doit être de deux ems . Espaces entre la fin de l'inscription et la lettre de classe à remplir par les animateurs. Les caractères ne doivent pas être usés ou cassés et doivent être exempts de caractères erronés.

Usinage. — Les feuilles doivent être bien travaillées, en parfait repérage, avec une bonne encre, et ensuite roulées ou pressées.

Temps. — Dès la première réception de la copie, le travail doit être exécuté à raison d'au moins deux feuilles de seize pages chacune par semaine jusqu'à ce qu'il soit terminé, ou à défaut, l'imprimeur doit payer une somme de deux livres par semaine à titre de dommages-intérêts.

Preuves. — Deux copies d'épreuves en cuisine et deux copies d'une révision en page à fournir pour lecture et correction. Le bibliothécaire aura le droit d'exiger une révision en cuisine et les révisions en page qu'il jugera nécessaires. Aucune feuille ne doit être mise sous presse avant que le bibliothécaire ne l'ait ordonné.

Ajouts et corrections. — Le bibliothécaire aura le droit d'insérer des éléments supplémentaires dans la cuisine mais pas dans la page. Aucun frais ne sera accordé pour les corrections de l'auteur, sauf indication contraire et tarif au moment où elles sont effectuées.

Nombre de pages. [4] —Le nombre de pages est estimé à environ 250, mais ce nombre n'est pas garanti.

Couvre. — Trois mille couvertures à imprimer sur du papier de couleur , d'une teinte approuvée, d'au moins 34 livres. à la rame (royale). Le recto de cette couverture sera imprimé avec le titre du catalogue.

Obligatoire. — L'édition entière sera reliée en bons cartons de paille d'épaisseur convenable, fortement cousus avec du fil, avec des dos à bandes de toile, les couvertures collées sur les côtés et découpées à ras. Un délai de quatorze jours sera accordé pour la reliure au-delà du moment où le dernier feuillet sera mis sous presse.

Livraison. — Les catalogues, une fois terminés, doivent être liés en paquets de papier brun de cinquante chacun et livrés à la bibliothèque publique, High Street, Lambwell .

Tendre. — L'offre doit être établie à la page respectivement pour les caractères brefs et pour les caractères non pareil, le prix comprenant tous les frais de corrections de presse, de couvertures, de reliure et de livraison.

D'autres conditions. — Les travaux doivent être exécutés à l'entière satisfaction du bibliothécaire, et s'il n'est pas satisfait de son exécution, il aura le pouvoir d'arrêter les travaux et de renvoyer l'affaire au Comité de la bibliothèque, dont la décision sera définitive et exécutoire.

Le Comité exigera que l'entreprise dont la soumission est retenue conclue un contrat pour exécuter les travaux conformément au présent devis et à ses conditions.

Une fois terminés, les travaux seront mesurés et les tarifs admis selon la quantité de brevier et de nonpareil utilisée, et le paiement sera effectué dans les trois mois qui suivront.

Le Comité ne s'engage pas à accepter l'offre la plus basse ni aucune offre.

Les offres, accompagnées d'échantillons du papier à utiliser, doivent être envoyées sous enveloppes scellées portant la mention «Catalogue», au soussigné au plus tard le 20 novembre 1898.

JOHN E. BURKETT , *bibliothécaire* .

122. — L'imprimeur et le prix ayant été fixés, une fourniture de « copie » est envoyée et, en temps voulu, les épreuves en « galère », *c'est-à-dire* en longues colonnes avant que l'affaire soit « divisée » en pages, sont reçues. Les premières épreuves ne comprendront pas la page de titre, la préface et les autres pages préliminaires, qui sont invariablement imprimées en dernier mais en premier dans l'ordre lorsque l'ouvrage est terminé, et par conséquent la copie de cette partie du catalogue n'a pas besoin d'être envoyée à l'imprimeur. jusqu'à ce que les travaux soient presque terminés. Le manuscrit ou autre « copie » sera renvoyé avec les épreuves et devra être lu attentivement et clairement à haute voix par une personne qualifiée au catalogueur, qui corrigera les épreuves en marquant les corrections dans la marge. Lorsque les épreuves en main ont été ainsi relues, il convient au catalogueur de les relire soigneusement en dehors de la copie avant de retourner à l'imprimeur, car c'est une affaire beaucoup plus simple à corriger en galère qu'en page. Il faut alors indiquer les ajouts à insérer, car ils ne peuvent être ajoutés aux épreuves en page sans de très grandes difficultés, entraînant un bouleversement du travail effectué et, par conséquent, un retard. Les épreuves après avoir été entièrement corrigées, seront restituées par l'imprimeur avec une épreuve propre (ou « révisée » comme on appelle une épreuve après correction) en page lorsque toutes les corrections marquées sur la galère devront être comparées aux inscriptions ou à la révision, pour s'assurer qu'ils ont été correctement pris en charge. À ce stade, les titres, les mots clés et la numérotation des pages doivent être vérifiés, et lorsque les entrées sous un titre-matière ont été divisées par la fin d'une page ou d'une colonne, les titres répétés sur la colonne ou la page suivante doivent être soigneusement examiné. Lorsque les livres portant le nom d'un auteur sont ainsi divisés, son nom doit être répété de la même manière en haut de la colonne ou de la page suivante.

Ceci étant fait, il convient de relire toute la feuille avant de l'envoyer définitivement à l'impression, et même avec le soin déjà apporté, il est remarquable de constater combien d'erreurs seront alors découvertes pour la première fois. Si les corrections dans la page sont quelque peu nombreuses, ou s'il existe un doute quant à leur attention appropriée, ou si une correction particulière est une correction d'un certain moment, il est aussi bien de tirer à nouveau la feuille une fois corrigée, et de faire tout à fait attention. certain avant de le marquer comme « aller sous presse ».

123. — Lors de la correction des épreuves, il y a d'autres erreurs à rechercher en plus des fautes d'orthographe, des erreurs de placement ou des omissions de mots. Il est de la plus haute importance que les numéros ou autres marques par lesquels les livres sont demandés ou trouvés soient aussi corrects que possible, car des erreurs de ce genre conduisent à des vexations tant de la part des lecteurs que des fonctionnaires. Il faut également veiller à la bonne division des mots lors du retournement des lignes, à l'utilisation de lettres de la bonne police de caractères au fur et à mesure que les autres sont triées et, si elles ne sont pas modifiées, à l'apparence de la page une fois imprimée, à la suppression des lettres cassées, la jauge correcte pour les retraits et les parties « dégagées », la suppression des quadrats ou des espaces, afin qu'ils ne soient pas visibles sur la page imprimée, et d'autres éléments de cette nature. La colonne du catalogue donnée à l'annexe D contient la plupart des erreurs habituellement commises avec les signes utilisés pour les corriger, et est accompagnée d'explications à leur sujet. Les corrections doivent être marquées dans les marges comme indiqué sur le spécimen, et non sur l'imprimé, sinon elles seraient négligées. La même page corrigée est donnée.

Si, après avoir prêté attention à tous ces détails, le catalogueur est en mesure de produire une œuvre exempte de défauts de compilation ou d'impression , il peut s'en féliciter chaleureusement, bien que le public qui utilise la bibliothèque disposant d'un tel catalogue n'appréciera même pas pleinement le soin et l'anxiété. dépensé pour cela, et le prouvera peu après en demandant quand « un nouveau sortira ».

NOTES DE BAS DE PAGE

[1] Darwinisme et autres essais, par John Fiske. (Macmillan, 1879.)

[2] Classification décimale et index relatif, par Melvil Dewey, 15e éd. *Boston* , 1894.

[3] Manuel de classification et de disposition des étagères des bibliothèques, par James D. Brown. (Bibliothèque Supply Co.) 1898. (pp. 105-160).

[4] Même une estimation minutieuse faite à partir de la « copie » risque de se révéler erronée lorsque l'ouvrage est en caractères et la tendance est à surestimer le nombre de pages, lorsque l'imprimeur est dans son droit, selon les usages du commerce, en réclamant un profit sur le nombre total de pages sur lequel son estimation était basée, il est donc préférable d'avoir une clause de sauvegarde ainsi que de laisser une marge de sécurité sur le côté inférieur lors du calcul du nombre de pages.

ANNEXE A.

Liste de mots ou d'expressions apparaissant en relation avec des livres, avec leurs abréviations utilisées dans le catalogage. Lorsqu'une abréviation alternative est donnée, celle placée en premier est recommandée.

AUTEURS, ÉDITEURS ET TITRES.	
Editeur, édité	éd.
Herausgegeben	hrsg . herausg .
Traducteur, Traduit	trad. tr.
Traduit , Tradotto	trad.
Compilateur, Compilé	comp.
Illustrateur	illus.
Introduction, Introduction	introduction.
Anonyme, anonyme	tout à l'heure.
Pseudonyme, pseudonyme	pseudo.
Né	b.
Décédé	d.
Société	Soc. (Dans les noms de sociétés, comme *Camden Soc.*)
Ainsi	(*sic*). Inséré parfois pour souligner la particularité de l'orthographe ou d'une phrase.
VOLUMES ET CLASSEMENTS.	

Volumes, Volumes	v.
Groupe	bd.
Pièce, pièces	Pt., Pt.
Nombre, nombres	Non, non.
Série	ser.
Nouvelle série	ns .
Brochure, brochures	pamph .
Pages	p.
Feuilles	ll.
Folios	et suiv.
Illustré, Illustrations	ill., ill., il.
Coloré	col.
Portraits, Portraits	port., ports.
Frontispice	front., frontis .
Assiette, Assiettes	pl., s'il vous plaît.
Grand papier	lp
Annonces	publicités .
Pas de page de titre	ntp .
Page de titre manquante	tpw .
IMPRIMER.	

Pas de date	nd, ND, sa (c'est-à-dire *sine anno* .)
Pas de place	np
Pas de lieu ni de date	sa et l.
Différentes dates	vd
À propos (Circa, suivi d'une date)	c.
Imprimé, Imprimante	pr.
Publié, Editeur	pub.
Manuscrit, Manuscrits	MS., MSS.
Réimpression	repr .
Modèles d'abréviations pour les lieux de publication (uniquement)	*Lon.* , *Doublage.* , *Édine.* , *Oxf* . , *Camb* . , *L'pool* , *M'chester* , *B'ham* , *N. York* .
Édition	éd.
OBLIGATOIRE.	
Tissu	cl.
Maroc	mor.
Veau	cf.
Moitié	hf.
Lié	bd.
Obligatoire	bâtiment .

Bords dorés	ge

TAILLES DES LIVRES.

Sextodécimo	16o., 16mo., S
Duodécimo	12o., 12mo., duo., D.
In-8°	8o., 8vo., O.
In-4	4o., 4o., Q.
Folio	fo ., fol., F.
Petit	sm.
Grand	la.
Super	souper.
Atlas	atl.
Impérial	lutin.
Royal	roy .
Démy	mourir.
Couronne	cr.
Oblong	obl.

APPENDICE B.

TABLEAU DES TAILLES DES LIVRES.

Notation.	Hauteur en pouces.	Largeur.	Laisse à Signature.	Fil de fer en papiers vergés ou confectionnés à la main .
FOLIO.				
Atlas f° (1)	Vers 30			
La. f { Lutin. f° _ (5)	21½-23			
° ou { Roy. f° _ (5)	18½-21	} ⅔ à ¾ {	Par deux, quatre, six et huit.	Perpendiculaire
F° _ (2)	13½-18			
SM. f° _ (3, 4)	8½-13			
IN-4.				
La. { Lutin. 4° _ (5)	13½-16			
4 ° ou { Roy. 4° _ (5)	11½-13	} ⅘ {	En quatre, six et huit.	Horizontal
4° _ (2)	9½-11			
SM. 4° _ (3)	7½-9			
IN-8 ET INFRA.				

La. 8° ou { Lutin. 8° _	(5)	10½-11	} ⅔ à ¾ {	En huit, et parfois à quatre.	Perpendiculaire
Roy. 8° _	(5)	9½-10			
8° _	(2)	8-9	»	En huit	Perpendiculaire
SM. 8° _	(3)	6½-7½	»	En huit	Perpendiculaire
12° _		»	»	En six et douze	Horizontal
16° _	(6)	} 5½-6 {	⅔ à ⅘	En huit et seize	Horizontal et perpendiculaire
18° _			⅔ à ¾	En six, douze et dix-huit	Horizontal
24° _		} 4-5 {	»	En six et douze	Perpendiculaire
32° _			»	En huit et seize	Perpendiculaire
48° ou m° _	(7)	moins de 4 ans	»		

1. Y compris « éléphant », « Columbia », etc.

2. Y compris « moyen », « demy » et « couronne ».

3. Y compris « copie », « post », « foolscap » et « pot ».

4. Des siècles précédents.

5. De ce siècle.

6. Y compris le carré 16 ° , et tous les livres de cette dimension, par huit.

7. Dont 48 ° , 64 ° , etc. « Minimo » pour les plus petits livres.

ANNEXE C.

CERTAINS PSEUDONYMES MODERNES AVEC LES VRAIS NOMS, Y COMPRIS
DES FEMMES DONT LES NOMS ONT ÉTÉ MODIFIÉS PAR MARIAGE.

PSEUDONYME.	VRAI NOM.
ALOËS	Charlotte M. Tucker.
Acheta Domestica	LM Budgen
Adams, Mme Leith	Mme RS de Courcy Laffan
Adèle , Max	Charles H.Clark
Ainslie, Noël	Edith Lister
Alexandre, Mme.	Annie E. Hector
Extraterrestre	Mme LA Baker
Allen, FM	Edmond Downey
Pêcheur amateur, Le	Édouard Marston
Amyand , Arthur	Andrew Haggard
Andom , R.	Alfred W. Barrett
Anstey, F.	Thos. Anstey Guthrie
Argles , Mme.	Mme Hungerford
Audley, John	Mme EM Davy
Tante Judy	Mme Margaret Gatty
B., AKH	AKH Boyd
B., VE	Eleanor V. Boyle
Aboyeur, dame	Dame Broome
Basilic	Richard Ashe King
Bède, Cuthbert	Edouard Bradley

Bell, Nancy	Mme Arthur Bell
Belloc, Marie A.	Mme Lowndes
Bickerdyke , John	CH Cuisinier
Billings, Josh	Henry W. Shaw
Oiseau, Isabelle L.	Mme IL Bishop
Blackburne, E. Owens	Elizabeth Casey
Boldrewood , Rolf	Thos. A. Browne
Braddon, MOI	Mme Maxwell
Breitmann , Hans	Charles G.Leland
Brenda	Mme Castle Smith
Buckley, Arabella B.	Mme Fisher
Caballero, Fernán	Cécilia B. de. F.Arrom _
Cambridge, Ada	Mme GF Cross
Carmen Sylva	Elizabeth, reine de Roumanie
Carroll, Lewis	Charles L. Dodgson
Cavendish	Henri Jones
Cellarius	Thos. W.Fowle _
Champfleury	Jules F.F. Husson -Fleury
Chester, Norley	Emily Underdown
Cleeve, Lucas	Mme Kingscote
Collingwood, Harry	Wm. JC Lancaster
Colmore, George	Mme Gertrude C. Dunn
Connor, Marie	Marie C.Leighton
Conway, Derwent	Henry D. Inglis

Conway, Hugh	FJ Fargus
Coolidge, Susan	Sarah C. Woolsey
Cooper, révérend Wm. M.	James G. Bertram
Craddock, CE	Mary N. Murfree
Crawley, capitaine	Pardon de ma copine
Cromarty, Deas	Mme RA Watson
Dale, Darley	Francesca M. Steele
Dall, Guillaume	Madame Jules Lébaudy
D'Anvers , N.	Mme Arthur Bell
Doyenne, Mme Andrew	Mme Alfred Sidgwick
Donovan, Dick	JE Muddock
Dowie , Ménie M.	Mme Henry Norman
Duncan, Sara J.	Mme Everard Cotes
Egerton, George	Mme Clairmonte
Euh	Edward H.Aitken
Eliot, Georges	Mary Ann Evans (plus tard Mme Cross)
Elbon , Barbara	Léonora B. Halsted
Elisabeth, Charlotte	Charlotte E. Tonna
Ellis, Luc	J. Page Hopps
Fane, Violette	Dame Philip Currie
Farningham , Marianne	Mary A. Hearne
Fin Bec	WB Jerrold

Fleming, Georges	Julia C.Fletcher
France, Anatole	Anatole François Thibault
François, MOI	Mme M. Blundell
Freelance, A	FH Perry Coste
GG	-Harper
Garrett, Édouard	Isabelle F. Mayo
Gaunt, Marie	Mme Miller
Gérard, Dorothée	Madame. Longard de Longgarde
Gérard, Émilie	Madame. de Lazowski
Cadeau, Théo.	Théodora Boulger
Grand, Sarah	Mme M'Fall
Gris, Maxwell	MG Tuttiett
Grier, Sydney C.	Hilda Gregg
Gréville , Henri.	Alice MC Durand
Grove, Lily	Mme JG Frazer
Gubbins , Nathaniel	Édouard Spencer
Gyp	La comtesse de Martel de Janville
Haliburton, Hugh	JL Robertson
Hall, Eliza Calvert	Lina Calvert Obenchain
Hamst , Olphar	Ralph Thomas
Hayes, Henri	Mme EO Kirk
Hertz-Garten, Théodore	Mme de Mattos
Hier , Harry	Charles Bindley

Hobbes, John Oliver	Mme Pearl MT Craigie
Hoffman, professeur	AJ Lewis
Holdsworth, Annie	Mme E. Lee Hamilton
Espoir, Andrée	Mme Harvey
J'espère, Anthony	Anthony H. Hawkins
Espoir, Ascott R.	Robt. H.Moncreiff _
Ingoldsby , Thomas	Richard H.Barham
Iota	Mme Mannington Caffyn
Fer, Ralph	Mme O. Cronwright -Schreiner
James, Croake	James Paterson
Janus	Johann JI von Döllinger
K., O.	Madame. Olga Novikoff (née Kireft)
Keith, Leslie	Mme GL Keith Johnston
Kipling, Alice	Mme Fleming
L., LÉ	Letitia E. MacLean (née Landon)
Laffan, mai	Mme WN Hartley
Larwood, Jacob	LR Sadler
Loi, Jean	Mlle MOI Harkness
Léandre, Richard	R. Volkmann
Lee, Holme	Harriet Parr
Lee, Vernon	Violette Paget
Legrand, Martin	James Riz
Lennox	Lennox Pierson
Loti, Pierre	Louis MJ Viaud

Lyall, Edna	Ada E. Bayly
Martin , Martin	JMW van der Poorten Schwartz
Maclaren, Ian	John M. Watson
Malet , Lucas.	Mme M. St. L. Harrison (née Kingsley)
Manning, Anne	Mme AM Rathbone
Markham, Mme.	Mme Eliz. Penrose
Marlitt . E.	Henriette FCE John
Marlowe, Charles	Harriet Jay
Marryat, Florence	Mme F. Lean
Merveilleux, je sais .	Donald G. Mitchell
Mathers, Hélène	Mme H. Reeve
Meade, LT	Mme Toulmin Smith
Meredith, Owen	Comte Lytton
Merriman, Henry Seton	HS Scott
Miller, Joaquín	CH Miller
Montbard , G.	Charles A. Loyes
Morice , Chas.	Morice Gérard
Morris, mai	Mme Sparling
Mulholland, Rosa	Dame Gilbert
Nesbit, E.	Edith Bland
Nimrod	CJ Apperley
Nordau, Max	MS Südfeld
Nord, Christophe	Professeur John Wilson

Nord, Pleydell	Mme Egerton Eastwick
Oui, Bill	EW Nye
Vieux Boomerang	JR Houding
Vieux château, John	Wilfred Meynell
Olivier, stylo	Sir Henry Thompson
Optique, Olivier	Wm. T.Adams
O'Rell , Max.	Paul Blouet
Otis, James	JO Kaler
Ouida	Louise de la Ramée
Owen, JA	Mme Owen Visger
Page, HA	Alex H.Japp
Pensée	Isabelle M. Alden
Parallaxe	Samuel B.Robotham
Parley, Peter	Wm. Martin
Paston , Georges	Mlle EM Symonds
Pattison, Mme Mark	Dame EFS Dilke
Paul, MA	Mme John Ripley
Percy, Sholto et Ruben	Joseph C. Robertson et Thomas Byerley
Phelps, Élise. S.	Mme HD Ward
Femme ordinaire, A	Mlle Ingham
Prévost, François	HFP Battersby
Pritchard, Martin J.	Mme Augustus Moore
Prout , père	F. Mahony

Q.	Canapé AT Quiller
Raimond , CE	Elisabeth Robins
Rapière	AET Watson
Ridley, Mme Edward	Dame Alice Ridley
Rita	Mme W. Desmond Humphreys
Rives, Amélie.	Mme AR Chandlers
Robert (« Un serveur de la ville »)	John T. Bedford
Robins, directeur général	Mme L. Baillie Reynolds
Robinson, A. Mary F.	Mdé . AMF Darmesteter
Rogers, Halliday	Mlle Reid
Rutherford, Mark	W. Hale White
Saint-Aubyn, Alan	Frances Marshall
Saint Patrice	James H. Hickey
Saintine , XB de	Joseph H.Boniface
Sable, Georges	Mdé . ALA Dudevant
Scalpel, Esculape	Édouard Berdoe
Scott, chef	Lucy E. Baxter
Seafield, Frank	Alex. H. Grant
Séguin , LG	LG Strahan
Sétoun , Gabriel	Thos. N. Hepburn
Sharp, Luc	Robert Barr
Shirley	Sir John Skelton
Sigerson, Dora	Mme Clément Shorter

Sketchley , Arthur	Géo. Rose
Brillant, Sam	TC Haliburton
Fils des Marais, A	Denham Jordanie
Fils du terroir, A	JS Fletcher
Fileuse, Alice	Mme Fraser
Stendhal, M. de	Marie-Henri Beyle
Stepniak , S.	SM Kravtchinski
Stonehenge	John H. Walsh
Strathesk , John	John Tod
Stretton, Hesba	Hannah Smith
Stuart, Esmé	Mlle Leroy
Cygne, Annie S.	Mme Burnett Smith
Tasma	Madame J. Couvreur
Thanet , Octave	Alice français
Thomas, Annie	Mme Pender Cudlip
Thorne, Whyte	Richard Blanchiment
Tomson, Graham R.	Rosamund M. Watson
Travers, Graham	Margt . G.Todd
Turner, Ethel	Mme HR Curlewis
Twain, Marc	Samuel L. Clemens
Tynan, Katharine	Mme HA Hinkson
Tytler , Sarah	Henriette Keddie
Oncle Rémus	Joel C. Harris
Vivaries , Kassandra	Mme M. Heinemann

Walker, Patricius	Wm. Allingham
Wallis, ASC	Mlle Opzoomer
Vagabond	EH d'Avigdor
Salle, Artemus	Chas. F. Browne
Gardien, Florence	Mme Florence James
Des eaux	Wm. Russel
Webb, Mme.	Mme Webb Peploe
Wells, Charles J.	HL Howard
Werner, E.	Elisabeth Bürstenbinder
Wetherell, Eliz.	Susan Warner
Wharton, Grace et Philippe	John C. et Katharine Thomson
Whitby, Béatrice	Mme Philip Hicks
Wiggin, Kate D.	Mme JC Rigg
Wilcox, EG	Mme Egerton Allen
Winchester, Maine	ME Whatham
Hiver, John Strange	Mme HEV Stannard
Worboise , Emma J.	Mme E. Guyton
Yorke, Curtis	Mme S. Richmond Lee
ZZ	Louis Zangwill
Zack	Gwendoline Keats

ANNEXE D.

Explications de certaines des marques utilisées dans la preuve de correction.

ℛ/	Supprimer; pour supprimer une lettre ou un mot non souhaité.
LC	Minuscules ; être une lettre minuscule et non une majuscule.
casquette.	Capital; être une majuscule et non une petite.
wf	Mauvaise police ; la lettre n'est pas du même type que le reste.
très .	Transposer; pour modifier la position d'une ligne ou d'un mot.
X	Marque une lettre cassée.
#	Espace à insérer.
=	Un trait d'union à insérer.
|———|	Un tiret à insérer.
⊙	Un point à insérer.
⌒	Joindre un mot qu'il n'est pas destiné à diviser.

⌣	Un quadrat, ou une autre pièce non désirée, qui ne doit pas être imprimé.
Retrait.	Reculer la ligne à l'endroit marqué.
Jauge.	Pour faire apparaître une ligne en retrait à l'endroit marqué.
‖ ou ═	Redresser une ligne qui a été mal orientée perpendiculairement ou qui présente quelque chose qui la rend tordue horizontalement.
ᕱ	Marque une lettre qui a été retournée ou non.
Stéth.	Un mot barré par erreur et à retenir est souligné par des points .... et « stet » écrit en marge.

Page de spécimen montrant la preuve marquée.

w.f.
s.

l.c.
trs. g

MAGNUS, Lady. Jewish Portraits. 1888 ... H 746
MAGNUS, Sir P. Hydrostatics and pn
    eumatic tures 1887 ... ... E 8 *a/t*
Magpie jacket, The. Gould, N. ... ... K 3722
MAHAFFY, J. P. Alexander's Empire. 1887 I 540
— Euripides. 1879... ... .. H 771
— Greek antiquities. 1889 ... ... G 611 *※ g*
— Greek life and thought from the age of
    Alexander to the roman conquest. 1887 I 3078 *cap.*
MAISTRE, X. de. OEuvres. 1880... ... H 1066 Œ
    Voyage autour de ma chambre. Le lépreux de *é*
    la cité d'Aoste. Les prisonniers du Caucase.
    La jeune Sibérienne. Essais et poésies.

Malay Archipelago :—
    Forbes, H. O. A naturalist's wanderings
      in the Eastern Archipelago. 1885 ... I 1385 *w.f.*
    Guillemard, F. H. W. Cruise the of *trs.*
□ *Italics* Marchesa. 1889 ... ... I 3774 *cap.*
sm. caps. Manchester, Duke of. Court and society
    from Elizabeth to Anne. 2 v. 1864... I 464-65 ☉
l.c. MANCHESTER man, The. Banks, Mrs. G. L. K 398
    Manchester Anglers' association. Anglers' *cap*
□   evenings. 3rd ser. 1894 ... ... G 190
Manners and customs :— *l.c. w.f.*
trs. Dyer, F. T. T. British popular customs.
    1876 ... ... C 8b ‖
    Gould, S. B. Strange survivals. 1892 ... C 471
Italics See also : Folklore. *=/*
l.c. Manuals of Technology :—
    Cutting tools. by Smith. 1884 ... ... F 33
    Design in textile fabrics. by Asher hurst 1885 F 27
    Dyeing of textile fabrics by Hummel 1876 ... F 30
    Mechanics. Practical. by Perry. 1886 ... ... F 32 *w.f.* ‖

Page de spécimen corrigée.

ANNEXE E.

Une liste des principales vedettes-matières d'un catalogue de dictionnaires d'une bibliothèque générale moyenne, avec références et renvois, à l'exception des vedettes géographiques. Les vedettes-matières biographiques ne sont pas incluses. La référence « Voir » implique que la rubrique à laquelle elle fait référence ne doit pas être utilisée car elle est synonyme. Une liste plus exhaustive avec une série plus complète de références allant des divisions de sujets plus grandes aux plus petites et connexes (*c'est-à-dire* « voir aussi ») se trouve dans la *liste des vedettes-matières à utiliser dans les catalogues de dictionnaires*, *préparée par un comité de l'American Association des bibliothèques* . Boston (Bureau de la bibliothèque), 1895.

- Abbayes
- Abraham
- Abyssinie
- Acoustique. *Voir* le son
- Agissant
- Acteurs
- *Voir aussi* Drame *et noms d'acteurs*
- Actes des Apôtres
- Amiraux
- Aéronautique . *Voir* Montgolfière
- Esthétique
- Afghanistan
- Afrique
- En général
- Nord
- Ouest
- Est et Centre (ou Équatorial)
- Sud
- Agnosticisme
- Agriculture

- *Voir aussi* Terres, Sols
- Air
- *Voir aussi* Météorologie, Pneumatique
- Alaska
- Albanie
- Alcool
- Algues
- Algèbre
- L'Algérie et Alger
- Alliages
- Almanachs
- Alphabets
- Alpes, Les
- Alsace-Lorraine
- La rivière Amazone
- Amérique
- Nord
- Central
- Sud
- Amérique, États-Unis d'Amérique. *Voir* États-Unis
- Indiens d'Amérique
- Divertissements
- *Voir aussi* Jeux
- Anatomie
- Humain
- Comparatif
- *Voir aussi* Embryologie, Ostéologie, Physiologie
- Artistique

- Andes, Les

- Anecdotes

- Pêche à la ligne. *Voir* Pêche

- Langue et littérature anglo-saxonnes

- Anglo-Saxons

- Intelligence animale

- *Voir aussi* : Instinct

- Locomotion animale

- Magnétisme animal

- Animaux

- Animaux, Histoire naturelle des. *Voir* Zoologie

- Annélide. *Voir* les vers

- Régions de l'Antarctique

- Anthropologie. *Voir* l'homme

- Antiquités

- *(Généralement seulement). Voir aussi les noms de pays et de lieux pour les antiquités nationales ou locales*

- Fourmis

- Singes

- Aphorismes

- Apocryphes

- *Voir aussi* la Bible

- Apôtres, Les

- Symbole des Apôtres

- Aquariums

- *Voir aussi* Vie en étang

- Saoudite

- Arachnide. *Voir* les araignées

- Archéologie , Préhistorique

- *Voir aussi* Antiquités

- Tir à l'arc

- Architecture

- Généralement (y compris les périodiques et les transactions)

- Classique

- Ecclésiastique

- Monumental

- Domestique

- (ou autrement selon le matériel et les exigences)

- Régions arctiques

- *Voir aussi* Passage du Nord-Est, Passage du Nord-Ouest

- Ardennes, Les

- Argentine

- Arithmétique

- Arménie

- Arminianisme

- Armes et armures

- Armes, armoiries de. *Voir* Héraldique

- Armée, britannique

- *Voir aussi les noms ou numéros de régiments comme* Royal Artillery, 21st Lancers

- Art

- Général

- Historique

- Traités

- *Voir aussi* Architecture, Art Chrétien, Peinture, Sculpture

- Art, ornemental. *Voir* Ornement

- Artillerie

- Artistes
- *Voir aussi* Peintres, Sculpteurs
- Arts, Industriel
- Aryens
- Ashantee
- Asie
- En général
- Occidental
- Central
- Est
- Asie Mineure
- Assyrie
- *Voir aussi* Ninive
- Astrologie
- Astronomes
- Astronomie
- *Voir aussi* Lune, Soleil *et noms de planètes*
- Credo athanasien
- Athéisme
- *Voir également* Scepticisme
- Athènes
- Athlétisme
- *Voir aussi* Exercice, Gymnastique
- océan Atlantique
- Atlas
- Expiation, L'. *Voir* le Christ
- Australasie
- Australie

- En général
- Du sud
- Occidental
- L'Autriche
- Auteurs
- Babylone
- Bactéries
- Bahamas, Les
- Balkans, Les
- Ballades. *Voir* les chansons et ballades
- Montgolfière
- Baltique, La
- Bancaire
- La faillite
- Baptême
- Barbade
- Barbarie
- Bashan
- Bains et bains
- Batailles
- Les abeilles
- Coléoptères
- Belgique
- Croyance
- *Voir également* Scepticisme
- Cloches
- Bengale
- Berlin

- Bretagne, Antique
- *Voir aussi* Anglo-Saxons, Histoire anglaise
- Colombie britannique
- Empire britannique
- *Voir aussi* Colonies
- îles britanniques
- Musée anglais
- Bretagne
- Broads, Le
- Bryologie. *Voir* les mousses
- Boucaniers
- Bouddha et le bouddhisme
- Bâtiment
- Bulgarie
- Birmanie
- Entreprise
- Papillons
- empire Byzantin
- Ébénisterie
- *Voir aussi* Meubles
- Oiseaux en cage. *Voir* Oiseaux (Cage)
- Calcul (*Mathématiques*)
- Californie
- calvinisme
- Cambridge et l'université
- Canada
- Histoire
- Description et vie sociale

- Politique et divers
- Canaux
- Canaris
- Bougies
- droit canon
- Cantorbéry
- Colonie du Cap
- Capital
- *Voir également* Travail
- Peine capitale
- Jouer aux cartes.
- *Voir aussi* Whist
- Caricature
- Menuiserie et menuiserie
- *Voir aussi* Main courante
- Carthage
- Cachemire
- mer Caspienne
- Châteaux
- *Voir aussi les noms de châteaux*
- Cathédrales
- *Voir aussi les noms des cathédrales*
- Émancipation catholique
- Chats
- Bétail
- Caucase
- Celtes, Les
- Ciments

- Cétacés
- *Voir aussi* Baleines
- Ceylan
- Chaldée
- Chance. *Voir* les probabilités
- Îles anglo-normandes
- Personnage
- Chirosophie . *Voir* la main
- Chelsea
- Chimie
- Histoire
- Général
- Inorganique
- Organique
- Analyses, spéciales et diverses
- Périodiques et sociétés
- Cheshire
- Échecs
- Enfants
- le Chili
- Chine
- Histoire
- Description et vie sociale
- Politique
- Religions et missions
- Peinture de Chine
- Chevalerie
- Christ.

- *Subdiviser si nécessaire en divisions, selon*

- Vies

- Enseignement

- Divinité

- Incarnation

- Résurrection

- L'expiation

- Art chrétien

- Église chrétienne. *Voir* Église.

- Preuves chrétiennes. *Voir* Christianisme.

- Unité chrétienne

- Christianisme

- Histoire

- Preuves

- Divers

- *Voir aussi* Histoire de l'Église

- Chroniques

- Chronologie

- Église, L'

- Histoire de l'Église.

- *Subdivisez en époques si nécessaire.*

- Histoire de l'Église

- *Voir aussi les noms d'églises et de pays particuliers.*

- Église d'Angleterre

- Histoire

- Politique, rituel, etc.

- *Voir également* Désétablissement, mouvement Oxford, Livre de prières

- Église et État

- Musique d'église. (Comme *sujet* uniquement.)
- *Voir aussi* Musique
- Églises (*c.* -à-d. en général, pas de sectes particulières)
- Guerre Civile, La (1642-49)
- Service civil
- Civilisation
- Géographie classique. *Voir* Géographie
- Le clergé.
- *Voir aussi* Prédicateurs
- Climat
- Escalader des montagnes. *Voir* Alpinisme
- Horloges. *Voir* Montres et horloges
- Vêtements
- Des nuages
- Construction d'autocars
- encadrement
- Charbon, extraction du charbon
- Monnaies et médailles
- Coléoptères. *Voir* les coléoptères
- Mines de charbon. *Voir* Charbon
- Colonies britanniques.
- *Voir aussi les noms des colonies*
- Couleur
- Comètes
- Commandements, Les
- Commerce.
- *Voir aussi* Libre-échange
- Communes, Chambre des. *Voir* le Parlement

- Commonwealth, Le
- *Voir aussi* : Cromwell
- communisme
- Entreprises, Commercial
- Anatomie comparée. *Voir* Anatomie
- Compositeurs. *Voir* les musiciens
- Conchyliologie. *Voir* les Coquillages
- Confiserie
- Confucius et le confucianisme
- Congo, Le
- Congrégationalisme
- Sections coniques
- Prestidigitation
- Conscience
- Conservatisme
- Constantinople
- Consommation
- Conversation
- Conversion
- Cuisine
- Coopération
- Coraux et récifs coralliens
- Corée
- Corinthiens, Épîtres aux
- Lois sur le maïs
- Cornouailles
- la Corse
- Costume

- Coton
- Vie à la campagne
- Création
- Crédo
- Incinération
- Criquet
- Crime
- Guerre de Crimée
- Loi criminelle
- Critique, littéraire
- Croisades
- Crustacés
- Cryptogamie .
- *Voir également* Algues , fougères, champignons, mousses
- Cristallographie
- Cuba
- Culture
- *Voir aussi* Éducation
- Cumberland
- Courbes
- Douane. *Voir* Mœurs et coutumes
- Vélo
- Chypre
- Produits laitiers, Le
- Dansant
- Daniel le Prophète
- Darwinisme.
- *Voir aussi* Évolution

- David
- Surdité
- La mort
- Décoration. *Voir* Ornement
- Cerf
- Déisme
- Démocratie
- Danemark
- Dentisterie
- Derbyshire
- Descente. *Voir* l'évolution
- Conception. *Voir* Ornement
- Diable, Le
- Devonshire
- Diamants
- Diatomées
- Régime. *Voir* la nourriture
- Digestion
- Maladie.
- *Voir aussi* Médecine
- Désétablissement
- Divorce. *Voir* Droit du mariage
- Médecins
- Doctrine
- Chiens
- Économie domestique.
- *Voir aussi* Cuisine, Couture, Travaux d'aiguille, Lavage
- Dorsetshire

- Drainage
- *Voir aussi* Hygiène, Plomberie
- Drame, Le
- Dramaturges
- Dessin et croquis.
- *Voir aussi* Illustration, Perspective
- Rêves
- Robe. *Voir* le costume
- Couture
- Boire, enivrant. *Voir* la question sur la tempérance
- Conduite
- Dublin
- Duel
- Durham
- Teinture
- Dynamique
- *Voir aussi* Mécanique, Hydrostatique, Pneumatique
- Dynamos
- L'oreille, l'
- *Voir aussi* Surdité
- Terre, La
- Tremblements de terre.
- *Voir aussi* Volcans
- Est, Le
- *Voir aussi les noms des pays de l'Est*
- Empires orientaux, anciens. *Voir* Histoire, Antique
- Question orientale, La
- Architecture ecclésiastique. *Voir* Architecture

- Histoire ecclésiastique. *Voir* l'histoire de l'Église

- Échinodermes

- Économie. *Voir* Économie politique

- Edinbourg

- Éducation.

- *Voir aussi* Culture, Maternelle, Esprit, Écoles, Enseignement, Enseignement technique

- Oeufs d'oiseaux

- Egypte.

- Ancien. (*Sous-division* : Art. Antiquités, inscriptions et langue. Histoire. Religion)

- Médiéval

- Moderne. (*Subdiviser selon les besoins.*)

- *Voir aussi* Soudan

- Élections

- Éclairage électrique

- Ingénierie électrique.

- *Voir aussi* Dynamos

- Électriciens

- Électricité et magnétisme

- Électrométallurgie. *Voir* Métallurgie

- Galvanoplastie

- Élie le prophète

- Élocution.

- *Voir aussi* Récitations

- Emblèmes

- Broderie

- Embryologie

- Émigration

- Les émotions, Les

- Émaux

- Encyclopédies

- Énergie

- Ingénierie

- Général

- Civil

- Mécanique

- Marin

- *Voir aussi* Electrotechnique, Moteurs à gaz, Moteur de locomotive, Machinerie, Machine à vapeur, Résistance des matériaux

- Ingénieurs

- Angleterre

- Description

- Vie sociale

- *Voir aussi les noms de comtés et de villes*

- composition anglaise

- Constitution anglaise

- *Voir aussi* Histoire anglaise (Constitutionnelle)

- histoire anglaise

- Général

- (Divisez en époques comme cela peut être jugé opportun)

- *Pour les histoires de règnes particuliers, voir sous les noms des monarques*

- Constitutionnel

- Ecclésiastique

- *Voir aussi* l'Église d'Angleterre *et les noms des confessions*

- Social et Industriel

- langue anglaise

- Histoire

- Dictionnaires

- Grammaire

- littérature anglaise

- Histoire et manuels

- Divers

- Gravure

- Bois et métal

- *Voir aussi* Gravure, Processus

- Entomologie

- Éphèse

- Épigrammes

- Eschatologie. *Voir* État futur

- Essais

- *Pour les essais sur des sujets particuliers ou avec des titres spécifiques, voir les noms de ces sujets et titres. Les ouvrages portant le titre général de «Essais» se trouveront sous les noms des auteurs suivants :—* (Donnez ensuite la liste des auteurs)

- Gravure

- Éthique

- Ethnologie. *Voir* l'homme

- Étiquette

- Éton

- Étrurie

- Euclide

- L'Europe ☐

- Histoire

- Descriptif

- Politique

- Mal

- Évolution

- *Voir aussi* Biologie, Création, Hérédité

- Exercice, physique. *Voir* Gymnastique

- Expression

- *Voir aussi* Émotions, Physionomie

- Oeil, Le

- *Voir aussi* Vue

- Fables

- Des usines

- Commerce équitable. *Voir* Libre-échange

- Contes de fées

- *Voir aussi* Folklore

- Foi

- Famille, La

- Fanatisme

- Agriculture. *Voir* Agriculture

- Maréchalerie

- Pères, Les

- Fénianisme

- Fermentation

- Fougères

- Féodalisme

- Fièvre

- Fiction

- (NB—Cette rubrique concerne uniquement les livres sur la fiction comme *sujet*)

- Fidji

- Beaux-Arts. *Voir* l'art

- Poisson

- Pêche

- Pêche (y compris la pêche à la ligne)

- *Voir aussi les noms de poissons sportifs, comme* le saumon, la truite

- Drapeaux (*c'est-à-dire* normes, couleurs , signaux, etc.)

- Florence

- Farine

- Peinture de fleurs. *Voir* Peinture

- Fleurs

- Tradition populaire

- Général

- Locale

- Spécial

- Chansons folkloriques

- Nourriture

- *Voir aussi* Cuisine

- Football

- Foraminifères

- Sylviculture

- Formose

- Fossiles. *Voir* Paléontologie

- France

- Histoire

- *Voir aussi* Guerre franco-allemande, Révolution française *et noms des monarques français*

- Description et vie sociale.

- *Voir aussi les noms des provinces et lieux français*

- Éclairage au gaz
- Des gaz
- Des pierres précieuses. *Voir* Pierres précieuses
- Généalogie
- Genèse, Livre de
- *Voir aussi* Pentateuque
- Génie
- Géographie
- Ancien
- Moderne
- Commercial
- *Voir aussi* les atlas *et les noms des continents et des pays*
- Géographie, Physique. *Voir* Physiographie
- Commission géologique du Royaume-Uni
- Plans
- Mémoires
- Autres publications
- Géologie
- Général et divers
- Périodiques et sociétés
- Locale
- *Voir aussi* Période glaciaire, Paléontologie , Physiographie
- Géométrie
- *Voir aussi* Euclide
- langue allemande
- Littérature allemande
- Allemagne
- Histoire

- Grande Bretagne
- Descriptif, etc.
- *Voir aussi* Angleterre, Écosse, Pays de Galles
- Grande-Bretagne et Irlande. *Voir* les îles britanniques
- Grèce antique
- Histoire
- Antiquités et art
- Mythologie
- Grèce moderne
- langue grecque
- Littérature et philosophie grecques
- Groenland
- Guyane
- Guildes. *Voir* les dores
- Artillerie. *Voir* Artillerie
- Conspiration des poudres, Le
- Gymnastique et exercice physique
- Cheveux, Le
- Hampshire
- Château de Hampton Court
- La main, la
- Main courante et escalier
- Ports
- Harmonie. *Voir* la musique
- Herse
- Université Harvard, États-Unis
- Hawaii. *Voir* les îles Sandwich
- Haïti

- Santé. *Voir* Hygiène
- Stations thermales
- Chaleur
- Paradis
- hébreu
- Religion hébraïque, Hébreux. *Voir* les Juifs
- Hébreux, Épître au
- Hébrides, Les
- Enfer
- Héraldique
- Herculanum
- Hérédité
- Comté de Herefordshire
- Hertfordshire
- Hiéroglyphes
- *Voir aussi* Égypte (ancienne)
- Himalaya, Le
- hindouisme
- langue hindoustani
- Histologie
- Histoire
- Universel
- Ancien
- Moderne
- Divers
- *Pour les histoires nationales, voir sous les noms de pays et de peuples*
- Histoire de l'Angleterre. *Voir* l'histoire anglaise
- Hittites, Les

- Machines de levage

- Hollande. (*Subdiviser au besoin*)

- Terre Sainte. *Voir* la Palestine

- Saint-Esprit, Le

- Homéopathie

- Les chevaux

- *Voir aussi* Conduite, Maréchal-ferrant , Chasse, Courses, Équitation

- Horticulture. *Voir* Jardinage

- Hôpitaux

- Décoration de maison

- Peinture de maison

- Territoire de la Baie d'Hudson

- Huguenots, Les

- Espèce humaine. *Voir* l'homme

- Humour . *Voir* l'esprit

- Hongrie

- Chasse et aventures de chasse

- Hydraulique

- Hydropathie

- Hydrophobie

- Hydrostatique

- Hygiène

- Hyménoptères

- *Voir aussi* Fourmis, Abeilles, Guêpes

- Hymnes

- Hypnotisme

- *Voir aussi* Magnétisme animal, Mesmérisme

- L'ère glaciaire, L'

- Islande
- Ichtyologie. *Voir* le poisson
- Éclairant
- Illusions
- Illustration
- *Voir aussi* Gravure
- Imagination
- Immortalité
- Fédération impériale. *Voir* Colonies britanniques
- Incarnation, L'. *Voir* le Christ
- Indexage
- Inde
- Histoire
- *Voir aussi* Mutinerie indienne
- Description et vie sociale
- *Voir aussi* Bengale, Himalaya, Parsis
- Histoire naturelle
- Religions et missions
- *Voir aussi* Hindouisme, mahométanisme
- Divers
- Inde, langues de. *Voir* hindoustani, pali, sanskrit
- La mutinerie indienne, la
- Individualisme
- Indochine. *Voir* la péninsule malaise
- Arts industriels. *Voir* Arts, Industriel
- Rémunération industrielle. *Voir* les salaires
- Industrie. *Voir* Travail
- Infection

- Infidélité
- *Voir également* Scepticisme
- Infusoires
- Inquisition, L'
- Folie
- Insectes
- *Voir aussi* Fourmis, abeilles, coléoptères, papillons
- Instinct
- Assurance
- Intellect. *Voir* l'esprit
- Intempérance. *Voir* la question sur la tempérance
- La loi internationale. *Voir* la loi
- Invertébrés
- Irlande
- Histoire
- Description et vie sociale
- Art, littérature et folklore
- Politique et religion
- Divers
- langue irlandaise
- Fer et acier
- Ferronnerie
- Isaïe
- Islam. *Voir* mahométanisme
- Israël. *Voir* les Juifs
- langue italienne
- littérature italienne
- Italie

- général et administratif

- International

- *Voir aussi le droit des sujets spéciaux, comme le* droit pénal, le travail , les licences *et les pays spéciaux.*

- Tennis sur gazon

- Cuir

- *Voir aussi* Bronzage

- Leicestershire

- Lépidoptères. *Voir* les papillons, les mites

- Peinture de lettres

- *Voir aussi* Alphabets

- La rédaction de lettres

- Lettres, Diverses et collectionnées. *Voir sous les noms des auteurs*

- Libéralisme

- Liberté

- Général

- De conscience

- Du sujet

- Liberté de la presse. *Voir* les journaux

- Liberté, Religieux. *Voir* Liberté religieuse

- Bibliothèques

- Licence

- Lichens

- Vie

- *Voir aussi* Biologie

- Canots de sauvetage

- Lumière

- Phares

- Louisiane
- Lourdes
- Amour
- Luc, St., Évangile de
- Poumons, Le
- Machines et menuiseries
- *Voir aussi* Ingénierie, Mécanique
- Madagascar
- Madère
- Magnétisme. *Voir* Électricité
- Mahomet. *Voir* Mahomet
- Archipel malais
- Péninsule malaise
- Malte
- Mammifères
- Homme
- Homme, île de
- Manchester
- Manitoba
- Mœurs et coutumes
- *Voir aussi* Folklore
- Formation manuelle
- Fabrique
- (Généralement seulement)
- *Voir aussi sous les noms de fabricants particuliers*
- maorie . *Voir* la Nouvelle-Zélande
- Plans. *Voir* les atlas *et les noms de lieux*
- Génie maritime. *Voir* Ingénierie (Marine)

- Assurance maritime
- Loi maritime
- Marc, St., Évangile de
- Mariage
- Droit du mariage
- Mars (planète)
- Martyrs
- Marie, la Vierge
- Terre Masaï
- Mashonaland
- Maçonnerie. *Voir* Pierre
- Messe, La. *Voir* la Cène du Seigneur
- Massage
- Masses. *Voir* la musique
- Matérialisme
- Mathématiques
- *Voir aussi* Algèbre, Arithmétique, Calcul, Sections coniques, Équations, Euclide, Géométrie, Logarithmes, Mensuration
- Matière
- Matthieu, St., Évangile de
- Maximes
- Mesures. *Voir* Poids et mesures
- Génie mécanique. *Voir* Ingénierie, Machines
- Mécanique
- *Voir aussi* Hydrostatique, Pneumatique
- Mécanisme. *Voir* Machines
- Médailles. *Voir* Monnaies et médailles
- Médecine

- Miracles

- Missions

- Mahomet et le mahométanisme

- Mollusques

- *Voir aussi* Coquillages

- Monachisme

- *Voir aussi* Moniales

- Argent

- *Voir aussi* Banque, Bimétallisme, Capital

- Mongolie

- Singes

- Les moines. *Voir* Monachisme

- Montana

- Les monuments

- Lune, La

- Philosophie morale. *Voir* Éthique

- Mormonisme

- Maroc

- Morphologie

- Moïse

- *Voir aussi* Genèse, Pentateuque

- Mousses

- Papillons de nuit

- Alpinisme

- *Voir aussi* Alpes

- Montagnes

- Muscles

- Musées

- Musique

- Histoire

- Littérature diverse

- Dictionnaires

- Théorie (y compris Sol-fa)

- En chantant

- *Instrumental*

- Instruments

- (*Instruction et pratique*)

- Instrumental pour orgue

- Instrumental pour pianoforte

- Instrumental pour violon, etc.

- *Vocal*

- Oratorios, cantates, hymnes, messes, etc.

- Opéras (partitions vocales)

- Chansons, avec de la musique

- Instruments de musique

- *Voir aussi les noms d'instruments, comme* Orgue, Pianoforte, Violon

- (*Remarque.* — La musique pour instruments particuliers est classée sous « Musique » dans sa sous-division, mais les œuvres historiques ou sur la fabrication d'instruments sont distribuées sous les noms d'instruments dans tout le catalogue.)

- Les musiciens

- Mysticisme

- Mythologie

- *Voir aussi* Folklore

- Noms, personnels

- Noms de lieux. *Voir* Noms de lieux

- Naples

- Natal
- Galerie nationale, La
- Histoire naturelle des animaux. *Voir* Zoologie
- Histoire naturelle
- *Voir aussi* Biologie, Botanique, Microscope, Zoologie
- Philosophie naturelle. *Voir* Physique
- Théologie naturelle. *Voir* Théologie
- Marines
- Navigation et matelotage
- Marine, britannique
- Histoire
- Description et administration
- Travaux d'aiguille
- Nègre, Le
- Néhémie, Livre de
- Nerfs
- Pays-Bas, Les
- Nevada
- Nouvelle église, la. *Voir* Le suédoisborgisme
- Nouvelle-Angleterre
- Nouvelle Forêt, La
- Nouvelle Guinée
- Nouveau Mexique
- Nouvelle Galles du Sud
- Nouveau Testament
- Commentaires et ouvrages d'illustration
- Critique
- Divers

- *Voir aussi les noms des évangiles, des épîtres, etc.*
- La ville de New York)
- Nouvelle-Zélande
- Terre-Neuve
- Nouveau portail Prison
- Journaux
- Niagara
- Nicaragua
- Nil, le
- *Voir aussi* Égypte, Soudan
- Ninive
- Non-conformité
- Norfolk
- Conquête normande, La
- la Normandie
- Normands, Les
- Passage du Nord-Est
- Passage du Nord-Ouest
- Norvège
- Nottinghamshire
- Numismatique. *Voir* Monnaies et médailles
- Soins infirmiers (invalide)
- Allaitement des enfants. *Voir* les enfants
- Océanie. *Voir* l'archipel malais, l'océan Pacifique
- Ohio
- Huiles
- Ancien Testament, L'. (*Subdiviser en Nouveau Testament*)
- *Voir aussi sous les noms des différents livres de l'Ancien Testament*

- Ontario
- Oologie. *Voir* les œufs (d'oiseaux)
- Opéras, avec musique. *Voir* la musique
- Opium
- Optique. *Voir* la vue
- Orchidées
- Oregon
- Orgue, Le
- Ornement et design
- Ornithologie. *Voir* les oiseaux
- Ostéologie
- La ville d'Oxford
- Mouvement d'Oxford, Le
- L'université d'Oxford
- Oxfordshire
- Océan Pacifique et îles
- Paganisme
- Peintres
- *Voir aussi* Artistes
- Peinture
- Historique et critique
- Théorie
- Peinture, Maison. *Voir* Peinture de maison
- Peinture, Huile
- Peinture, Aquarelle
- Général
- Paysage et marin
- Fleurs et arbres

- Phrénologie

- Éducation physique. *Voir* Gymnastique

- Géographie physique. *Voir* Physiographie

- Médecins. *Voir* les médecins

- La physique

- *Voir aussi* Dynamique, Électricité, Chaleur, Hydrostatique, Lumière, Mécanique, Pneumatique, Son

- Physionomie

- Physiologie

- *Voir aussi* Anatomie, Biologie, Histologie

- Pianoforte, Le

- Musique de pianoforte. *Voir* la musique

- Pigeons

- Les cochons

- Pères pèlerins, Les

- Noms de lieux

- Plantes. *Voir* Botanique

- Rivière Plata

- Plaque

- Platinotype. *Voir* la photographie

- Pièces. *Voir* le drame

- Plomberie

- *Voir aussi* Drainage, Assainissement

- Pneumatique

- Poèmes. Œuvres poétiques.

- *Pour les œuvres portant ces titres généraux voir les noms suivants (les poèmes avec des titres spécifiques se trouveront sous ces titres et les noms des auteurs)* :

- Poésie (Anthologies)

- Poètes et poésie
- Poisons
- Pologne
- Régions polaires. *Voir* les régions de l'Arctique
- Police
- Économie politique
- *Voir aussi* Capital, Commerce, Libre-échange, Gouvernement, Travail , Terre, Argent, Pauvres, Population, Prix, Propriété, Fiscalité, Salaires.
- Politique
- Polynésie. *Voir* l'océan et les îles du Pacifique
- Polyzoaires
- Pompéi
- La vie en étang
- Pauvre et pauvre secours
- *Voir aussi* Pensions
- Papes, Les
- *Voir aussi les noms de papes comme* Pie IX., Léon XIII.
- Population
- Port-Royal
- Portraits
- le Portugal
- Positivisme
- Bureau de poste, Le
- Poterie
- Prière
- Livre de prières, Le
- Prières
- Prédicateurs et prédication

- Quakers. *Voir* Amis, Société des

- Quantités (Bâtiment)

- Reines

- Queensland

- Citations

- Cheval de course

- Les chemins de fer

- *Voir aussi les noms des chemins de fer, comme* Great Northern

- Pluie

- Notation. *Voir* Fiscalité

- Rationalisme

- La réciprocité. *Voir* la question sur le libre-échange

- Récitations

- Récréations. *Voir* les jeux

- Mer Rouge, La

- Réforme

- Réforme, La

- Religion

- *Voir aussi* Apocalypse

- Religion et sciences

- Religions

- *Voir aussi les noms de religions, comme* le christianisme, le bouddhisme

- Liberté religieuse

- Pensée religieuse

- Renaissance, La

- Repoussé. *Voir* Travail du métal

- Représentation. *Voir* Représentation parlementaire

- Reptiles

- *Voir aussi* Grenouilles, Serpents
- Résurrection, La. *Voir* le Christ
- Résurrection des morts
- Révélation
- Apocalypse, Livre de
- Révolution, La, 1688
- Rhétorique
- Rhin, Le
- Rhodésie
- *Voir également* Mashonaland, Matabeleland
- Équitation
- Anneaux
- Ritualisme
- Rituels. *Voir* les liturgies
- Rivières
- *Voir aussi les noms des rivières*
- Côte d'Azur, La
- Rochers
- montagnes Rocheuses
- Catholicisme Romain
- droit romain
- Romance
- Romances
- Romains, Épître au
- Rome, Antique
- Histoire
- Antiquités
- Divers

- Samoa

- Îles Sandwich

- Assainissement. *Voir* Drainage, Hygiène, Plomberie, Eaux usées

- Langue sanscrite

- Sarrasins, Les

- Scandinavie

- Scepticisme

- Écoles

- Science

- (Général et divers uniquement)

- Sciences et religions. *Voir* Religion et science

- Écosse

- Histoire

- Description et vie sociale

- Langue, littérature et folklore

- Divers

- Ecosse, Église de

- Hélice

- Écritures, Les. *Voir* la Bible

- Sculpteurs

- Sculpture

- Mer, La

- Des algues. *Voir* Algues

- Phoques (Animaux)

- Sceaux (personnels, etc.)

- Matelotage. *Voir* Navigation

- Laïcité

- Sémites, Les

- Les sens, les

- Monuments sépulcraux. *Voir* les monuments

- Sermons

- *Pour les recueils de sermons de divers auteurs, voir leurs noms. Des volumes de sermons avec des titres spécifiques ou sur des sujets précis se trouveront sous ces titres et sujets.*

- Serbie

- Eaux usées

- États Shan

- Mouton

- Coquilles

- *Voir aussi* Mollusque

- Navires et expédition

- *Voir aussi* Marine, Marins, Navires à vapeur

- Naufrages

- Sténographie

- *Voir aussi* Phonographie

- Siam

- Sibérie

- Sicile

- Vue

- Soie

- Argent

- Péché

- Sinaï

- En chantant. *Voir* Musique (Chant)

- Patinage

- Esquisse. *Voir* le dessin

- Peau, La

- Esclavage

- Dormir

- Fumeur

- Savon

- Socialisme

- Sociologie

- Sols

- Les îles Salomon

- Terre Somalie

- Des oiseaux chanteurs. *Voir* les oiseaux

- Chansons et ballades

- Chansons avec musique. *Voir* la musique (chansons)

- Soudan, Le

- Âme, L'

- Son

- Afrique du Sud. *Voir* l'Afrique du Sud

- Musée de South Kensington

- Mer du Sud. *Voir* l'océan Pacifique

- Espagne

- Histoire

- Description, etc.

- Divers

- Armada espagnole, 1588

- l'Espagnol

- Parlant. *Voir* Voix

- Analyse du spectre

- Discours. *Voir* Élocution, Voix

- Discours (Collections uniquement)

- *Pour les discours de personnes particulières, voir sous leurs noms*
- Araignées
- Filage
- Spiritualisme
- Aventures sportives. *Voir* Chasse
- Des sports. *Voir* les jeux
- Scène, La. *Voir* le drame
- Étoiles. *Voir* Astronomie
- Hommes d'État
- Statique
- Statistiques
- Vapeur
- Machine à vapeur
- Navires à vapeur
- Acier. *Voir* Fer et acier
- Pierre et maçonnerie
- Souches. *Voir* Résistance des matériaux
- Stratford-upon-Avon
- Force
- La résistance des matériaux
- Stuarts, Le
- Style (littéraire)
- Sucre
- Suicide
- Soleil, Le
- Dimanche
- Surnaturel, Le
- *Voir aussi* Fantômes, Spiritualisme

- Tonquin
- Outils
- Tour de Londres
- Les villes
- Toxicologie. *Voir* Poisons
- Commerce
- Les syndicats
- *Voir aussi* Gilds, Travail
- Transsubstantiation. *Voir* la Cène du Seigneur
- Transvaal, Le
- Des arbres
- *Voir aussi* Bois
- Essais (Collections uniquement)
- *Note.* — Les procès uniques sont généralement inscrits au nom du *défendeur*
- Trigonométrie
- Trinitarisme
- Trinité, La
- Truite
- Troie
- Tunisie
- Turquie
- Tournant
- Toscane
- Dactylographie
- Ulster
- Compréhension, Le. *Voir* l'esprit
- Unitarisme
- États-Unis. (*Subdiviser au besoin*)

- Les universités
- Utilitarisme
- Vaccination
- Vases
- Vatican, Le
- Vaudois, Le
- Végétarisme
- Venise
- Ventilation
- Vertébrés
- Vêtements d'église
- Chirurgie vétérinaire
- *Voir aussi* Chiens, Chevaux
- Victoria, Nouvelle-Galles du Sud
- Vienne
- Violon, Le
- Musique de violon. *Voir* la musique
- Vivisection
- Voix, La
- Volcans
- Voyages et voyages (Collections en général et tour du monde uniquement)
- Salaires
- Pays de Galles. (*Subdiviser au besoin*)
- Guerre
- Comté de Warwick
- Washington (Ville)
- guêpes
- Montres et horloges

- Boiseries
- *Voir aussi* Menuiserie
- Laine
- Travail. Classes ouvrières. *Voir* Travail
- Appareils d'atelier
- *Voir aussi* Outils
- Vers
- Lutte
- En écrivant
- Yachting
- Yorkshire
- Zoologie
- Général
- Locale
- Périodiques et sociétés
- *Voir également* Paléontologie
- Zoophytes
- Zoroastrisme
- Pays zoulou

Milton Keynes UK
Ingram Content Group UK Ltd.
UKHW011822120624
444110UK00004B/249